コミュニティマネジメント

つながりを生み出す場、プロセス、組織

Community management

坂倉 杏介・醍醐 孝典・石井 大一朗［著］
SAKAKURA Kyosuke　　DAIGO Takanori　　ISHII Daiichiro

中央経済社

まえがき

　本書は，コミュニティやまちづくりを学ぶ大学生，地域団体や行政の職員，住民参加のまちづくりやさまざまな市民協働の現場で活躍されている方々に向けて書かれた「コミュニティづくりの教科書」です。

　私たちが考えるコミュニティづくりとは，地域内外の多様な立場の人と人とが垣根を越えて出会い，そこから思いもよらない新しいビジョンや活動の「社会的創発」が次々と生み出される状態をつくること。しかもそうしたアクションが単発で終わるのではなく，持続的・自律的に発展する「生態系」をつくりだすためのマネジメントを指します。地域のコミュニティ・エコシステムづくりと言い換えてもいいかもしれません。したがって本書で使う「マネジメント」という言葉は，管理や運営という一般的な意味合いではなく，コミュニティが生まれるきっかけをつくり出し，その変化と成長を見守りつつ，時には適度に介入しながら育てていくという，新たな状況を切り拓き柔軟に伴走していくマネジメントを指します。

　本書は，人と人とが関係を育んでいく現場に注目し，それをどのようにつくり，より良い関係を構築し，活動を促進するためのアクションを起こしていけばよいかという方法論を体系的・実践的に紹介しますが，その前提には，地域の変化にとって最も重要なのが関係性の変化だという考え方があります。地域が変わるとはどういうことでしょうか。建物やインフラをつくり変えるというハード面での変化もありますし，産業や観光の施策を実行するというアクションの変化もあるでしょう。その結果，人口や経済の増減が生じたり，住民の意識や行動が関わったりということも起きるはずです。しかし，地域が内在的な力によって，その地域に必要な変化を起こしていくためには，地域内外の関係性が変わり，新しいアイデアによる資源の有効活用が起こるということが大きな原動力になります。関係性が変わると，意識が変わり，行動が変わり，結果が変わるのです。システムチェンジの本質的なポイントは，関係性の変化なのです。そして，そうした変化は持続的でもあります。さらにその関係性の変化

は，意図的に起こしていけると私たちは考えています。

　本書はしたがって，一般的な教科書のようにコミュニティを静的な対象として整理するのではなく，日々変化し続ける人と人との関係性の全体という動的なものとして捉え，そのなかで地域の新たなつながりが生み出される状況をどのようにつくっていくか，その手法を解説していきます。同時に，方法論の理論的説明を通じて，現代のコミュニティのありようを多くの人にわかりやすく理解できるような教科書にもしたいと考えています。

　そこで本書は，新たなつながりが生まれる現場を３つの視点から捉え，立体的に考察していきます。すなわち，地域のなかで人が集まり交流する具体的な空間としての「場」，ワークショップや参加型まちづくりをどう進めていくかという「プロセス」，新たな発想にもとづき持続的に地域を運営していくための「組織」の３つの視点です。

　人と人とが関わるためには具体的な場が不可欠で，その場の雰囲気やしつらえによって生まれる関係性は左右されます。そして，その関係性が１回で終わるのではなく，絶えずさまざまな人が出入りし，これまでの積み重ねを持続的に発展させていくためには，これまでにはなかった新しい組織が求められます。このように考えると，人と人とが関わり合う地域の拠点づくりや，アイデアを交換し発想していくワークショップの進め方，地域組織にどのような人に参加してもらいどのように運営していくかといった関わりの場の設計は，将来的に地域の未来のあり方を左右する重要な現場なのであり，それらのつくり方次第で，望ましい未来を拓くことにも，その反対にもつながるのだといえます。

　もう１つ，こうしたアプローチで本書が書かれた背景には，これまで地域社会の担い手として一般的だった自治会・町内会といった地縁組織以外にも，さまざまな形でつながり，地域に参加する人たちが増えてきたという現状があります。SNSやスマートフォンなどによって地域づくりの活動や情報交換のあり方は大きく変化していますし，地域を越えて志をともにする仲間たちが大きな地域イノベーションを起こすということも散見されるようになってきています。地縁にもとづいた関係性とより広範囲のパーソナルネットワークの境界が流動的になり，地域の担い手像は多様化しているのです。具体的なコミュニティ形成手法を論じた教科書や文献ももちろんありますが，多くは従来の自治組織や

参加型まちづくり，地域見守りネットワークなど個別分野の枠組みを前提にしています。現在起きつつある地域コミュニティの現状を見ると，もっともっと横断的で多義的な可能性があるのではないでしょうか。だからこそ，場，プロセス，組織の新しい設計論が求められているのです。

　もちろん，コミュニティづくりの教科書といっても，ある手順を踏めば必ず良いコミュニティが形成されるとは限りません。地域それぞれの状況や文脈を踏まえた適切なマネジメントが必要となります。それでも，人口構成や経済状況の劇的な変化，情報通信技術の急速な発展といった大きな変革を迎えた現代，絶えず新しいつながりが生まれ，必要な時に必要な価値が次々と生まれるような動きのある地域であり続けることが，これまで以上に重要になることは間違いないでしょう。そのために，多様な創造的な出会いにあふれた地域づくりが求められているのです。場，プロセス，組織という視点からコミュニティを考えることによって，これからの時代に求められるコミュニティの本質的な価値やありようが浮き彫りになるとともに，それぞれの現場にフィットしたコミュニティ形成の道筋が明るく照らし出されること，そのために本書が少しでも役立つことを期待しています。

　2020年9月

坂倉杏介，醍醐孝典，石井大一朗

目　　次

第3章／活動の主体を育む「プロセス」　77

第 **1** 章

なぜいま
コミュニティマネジメントか

　現在の地域づくりは，人口減少や高齢化，経済の行き詰まり，大規模災害やパンデミックのリスクなど，厳しい逆風の中で語られることが多い。社会経済システムや地球環境の大きな変動の中で，なぜいまコミュニティマネジメントの視点が重要なのか。

　本章では，現在進行しつつある社会の大きな変動に対応するために必要となる新しい共生的・循環的な価値観＝ものさしについて説明し，その中でつながりの重要性を論じる。さらに，社会構造の変化の中でコミュニティの概念がどのように論じられてきたかを紹介し，つながりを生み出すソーシャルテクノロジーがどのように私たちの社会を変えていくのか，大きな見取り図を示す。

1／地域づくりの潮流

1-1／定常化時代の地域づくり：拡大から成熟へ，都市から地方へ

　私たちがいま暮らしている社会は，人口や経済が急速に拡大する時代が終わった後の「定常化」[1] の時代である。

　20世紀を通じて，人は都市へ移動し続けた。農村から都市へ，多くの人口がより高い教育を受け，社会階層を移動し，産業も農業や漁業から製造業，そしてサービス産業を中心に移っていく時代。多くの人が流入した都市は，人口と経済の拡大に合わせて，郊外に広がっていった。ここ150年ほど，こうした都市への集中と都市の拡大が，日本の基調だった。そして地方は，相対的に衰退した。

　ところが，これまで増えることが当たり前だった人口の増加が止まった。日本の人口は2008年から減少し始めたのだ。人口減少時代への移行は，社会規模の縮小だけを示すのではない。人口の増える時代に適した社会構造と減る時代のそれとは，大きく異なる。大量生産・大量消費，一極集中の巨大インフラ，新卒一括採用と終身雇用といったシステムは，効率的に規模を拡大していくのにふさわしい。しかし，これまで常識だった人口の増加や都市の拡大という前提が崩れ，拡大時代に最適化された社会システムがあちこちで不適合を起こし始めている。これまでの常識が通用しない，まったく異なる価値観の世界をいま私たちは生きているのである。

　問題は，国内の人口や経済だけではない。世界でもグローバルな水準で都市化が進み，人間の活動が大きくなり続けた結果，環境的な限界に達している。2015年に国連で採択されたSDGs（Sustainable Development Goals：持続可能な開発目標）は，人間社会が地球と持続的に共存していくために何を優先すべきか，価値基準を根本から問い直そうという動きである。根底には，拡大し続ける人間社会の活動を支えるためには，地球1個分の環境ではすでに足りなくなっているという危機感がある。

　世界全体ではまだ人口の増加が続いているが，環境的な限界から，いかに環

境と共生しながら社会経済を発展させていくかという成熟の時代に移ろうとしている。日本国内では人口が減少し始め，経済も大きな成長の望めない時代に入っている。拡大の反対は縮小ではない。規模を大きくしていくことが社会目標だった時代から，規模は変わらなくても質を充実させていく時代への転換である。社会保障制度など公共政策を専門とする広井良典は，歴史を振り返ると大きく人口が増加しない安定した「定常化の時代」にこそさまざまな文化が成熟してきたという。地球の資源に限りがあることが現実の問題として立ち現れてきた現代だからこそ，豊かな自然環境やこれまで蓄積してきた歴史，そして地域固有の文化の価値の再評価が進むはずだ。自然も歴史も地域の文化も，新たに生み出すには莫大な費用と時間を要する。それらがお金では買えないかけがえのない資源であることが，誰にもありありと実感できるような時代になってきたのである。

　成長時代は，人やモノが，地方から都市へと一方向へ移動していた。定常化時代においては，その流れは相互的になっていくと考えられる。これまでに比べると，都市から地方への人の流れ，都市よりも地方が文化を先導するという逆方向の流れが強まるはずだ。もともと，都市の経済や文化は豊かな地方があってこそ成立する。対立構造をつくるのではなく相互に支え合う関係性が必要だ。これまでのように，都市の発展のために地方が疲弊するなら，持続可能な社会は成立し得ないだろう。

　資源を無制限に使った成長ができなくなった社会を豊かに保つために重要なのは，1人ひとりの社会や地域への参加である。コミュニティデザイナーの山崎亮は，この人口減少・低成長時代を「縮充の時代」と名付け，規模は縮小しても文化的充実が可能な時代だとポジティブに位置付ける[2]。人口そのものは減少しても，地域に参加し活動する人口の割合が増えていけば，これまで以上に豊かな地域生活が営める環境をつくっていけるはずである。

　重要なのは，こうした時代に合ったマインドに，私たち自身がシフトしていくことだ。明治以降150年以上，人口が増え，経済が拡大することが当たり前だった社会を何世代にもわたって生きてきた私たちの「思考の習慣」は，残念ながらすぐには切り替わらない。いまだに，より多く，より大きくという規模の拡大を是と考えてしまう。

　しかし，量よりも質を，競争よりも共生を，消費よりも循環を，所有よりも共有を求めるような次の時代にフィットした価値観は，実は社会のそこかしこに予見されている。例えば，スペンドシフト[3]，半農半X[4]，降りていく生き方[5]，アーバンパーマカルチャー[6]，ギフトエコノミー[7]などなど。これまでの常識にとらわれず，次の時代にふさわしい頭の習慣を積極的に身につけることが，これからの社会を拓いていく人材には不可欠だ。

1-2／つながりのまちづくり

　成熟の時代に必要な協調や連帯，地域参加の前提になるのが，つながりである。つながりというと，あったらよいが，なくても構わないものだ，と考える人もいるかもしれない。また，余計なつながりがあると気を使わねばならないし，しがらみとなって自由な行動を妨げるものだから，できればなくしたいという人もいるかもしれない。確かにつながりは不自由な面もあるのだが，人との関係は面倒だというコミュニティ観もまた，社会の近代化・都市化のなかで形成された価値観だといってよい。もともと農作業など重労働を集落全体で協力して暮らしを成立させていた農村では共同体の結束力が強く，そのぶん相互監視や同調圧力も強い傾向が残っていた。近代化の流れのなかで，個人の自由が尊重される都会への憧れが高まった。成長時代の都市は，余計なつながりをなくしていくような社会を形成してきたのである。

　その結果，近隣に住まう人同士のつながりが少なくなっていった。近所づきあいや子どもの世話，お年寄りの面倒を見たり近隣の人が協力して葬式をあげたりといった日常の営みや人間の生き死にに関わるケアを，住民同士で交換することがなくなっていった。哲学者の鷲田清一は，現代社会では「いのちの世話」をお互いにやり合うことがなくなり，その多くを，対価を支払ってやってもらうサービスに置き換えてきたという。その結果，私たちの社会はそれほど生き心地よくはならなかったばかりか，消費者マインドの横行を招いてしまった[8]。

　つながりという言葉は漠然としており，その機能をつかみにくいのだが，1990年代後半から徐々に，人と人との協調的な関係性があることで，組織や地域のパフォーマンスがあがるということが実証されるようになった。ソーシャ

ルキャピタル（社会関係資本）という概念への注目である（→コラムP.40）。
アメリカの社会学者R.パットナムは，イタリアにおける州政府制度の導入に関
する長年の研究から，社会を円滑に運営するために，ネットワーク，社会的信
頼，互酬性の規範の3つが重要だということを明らかにした[9]。大規模な災害
に見舞われた地域を思い浮かべるとわかりやすいだろう。避難所の運営や救援
物資の受け入れ，復興計画の立案など，さまざまな対応を行政やNPO，地縁
団体から1人ひとりの住民までが協力して進めなければならない。このとき，
知り合いの数が少なくて，お互いのことを信頼しておらず，自分だけの利益を
追求して協力し合えない地域より，その逆の地域の力が強くなるのは明らかだ
ろう。

　近年の研究では，社会関係資本が豊かなほうが，地域の教育も健康も向上し，
犯罪率も低くなることが示されている。高齢者の健康について，食や運動のほ
かに社会参加が重要だといわれている。人と人との関わりがあるほうが，主観
的健康度が上がり，死亡率は下がるのである。

　地域づくりに目を向けると，良好な関係性があると限られた地域資源を活用
できるようになるという視点が重要だ。つながりがなければ，地域の中にある

図表1-1　ニーズと資源のつながりやすい地域

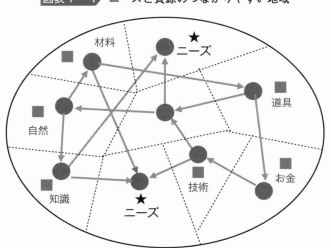

資源とニーズのマッチングは起こらない。たとえば，私が急に明日から2週間の海外出張に出なければならなくなったとしよう。ところが大きなスーツケースを持っていない私は，それをすぐに手に入れなければならない。このとき，どのような解決策があるだろうか。これまでの頭では，24時間営業の旅行用品店や注文してから数時間で届けてくれるECサイトがあれば便利だと考える人もいるだろう。しかし，地域に意識を向けると，同じ町内に大型のスーツケースを持っている人の一人，二人は必ずいるはずだ。その人を直接知らなかったとしても，隣近所の顔見知りに相談したら，紹介してくれるかもしれない。その持ち主が快くスーツケースを貸してくれて，無事に出張に行くことができたとしたら，私のニーズは，地域外からの資源を用いることなく満たされたことになる。さらに，私が充分に感謝すれば，持ち主は人の役に立てたと嬉しい気持ちになるかもしれない。地域内でのモノや気持ちの交換を通じて，そこに新しい価値やポジティブな感情が発生するのである。このときに起こっていることが，コミュニティによる資源とニーズのマッチングである。今後の地域づくりには，こうした個人の持ち物や技術といった地域資源を見つけ，それをつないでいくような関係性が必要だ。そのマッチングが起こりやすい関係性が，良好なコミュニティであるともいえる。

しかも，これからますます複雑さを増していく社会のなかで何が必要となるのか，何が正解なのかを見つけるのは簡単ではない。公共サービスも地域課題解決も，行政や企業が持つ資源だけで最適なものを生み出せないばかりか，そのアイデアも限られている。そのため多様なステークホルダーが集まり，オープンにイノベーションを起こしていくことが必要になる。こうした観点からも，人と人のつながりが不可欠なのである。

1-3／地域活性化の新しいものさし

劇作家の平田オリザは，構造転換期を迎えた現代の日本における私たちのこれからについて「下り坂をそろそろと下る」と表現している[10]。「坂の上の雲」を目指して登り続けてきた私たちの社会は，人口面でも経済面でも下り坂に差しかかっている。そこで目に入るものは，無限の可能性を象徴する雲や空ではない。足元を見ながら一歩一歩坂を下りるようなマインドチェンジ，次の時代

にふさわしい頭の習慣がすぐにでも必要なのだ。

　結果を変えるためには，評価の基準を変えることも有効だ。これまでの価値観とは異なる新しい「ものさし」を取り入れようという動きは各所で生まれている。

　世界的な流れとしては，先に触れたが，2015年に国連で採択されたSDGsも新しいものさしの提案だといえよう。17のゴールと具体的な169の達成基準を設定し，世界各国の取り組みの方向性を示した，いわば国家政策の新しい評価基準である。すべてをひとつながりのシステムと捉え，地球全体が人間社会と持続的に共存していくために何を優先すべきか，価値基準を根本から問い直そうという動きである。

　また，地域活性化や都市開発の分野でも，次第に成果や効果を測るものさしが変化している。たとえばかつては「地域活性化」という言葉は，暗黙のうちに地域の経済振興や人口の増加が達成目標として設定されていたが，現在では，主体的な活動の量や質，関わる人の主観的な幸福度などの向上についても含まれるようになってきている。GDP（Gross Domestic Product：国民総生産）ではなくGNH（Gross National Happiness：国民総幸福量）を提唱したブータンが話題になったことで，幸福度を政策評価に取り入れる自治体も現れ始めた。成果を測る指標が変わることで，取り組み方や結果も変わってくるだろう。「何が幸せなのか」をあらためて問い直し，もう一度構築し直すところから，新しい地域づくりが始まるのである。

　関連して，幸福やウェルビーイング（人の心の良い状態）に関する研究も増えている。幸せというとお金を儲けたり，昇進したりしたときに感じるものだと思いがちだが，こうした幸せは地位財という他人と比較できる幸せで，一時的な幸せだという。それよりも，目標を持って努力したり，人とのつながりを持っていたりという，他人と比較できない財産を持つほうが持続的な幸せにつながるという[11]。競争して人より多くのものを得るという価値観は，持続的な幸福につながりにくい。こうした転換も，次世代のまちづくりの参考になるはずだ。

　ウェルビーイング研究とは，人が良い状態になるためにはどのようなことが必要なのか，その構造を理解しようという研究である。ウェルビーイングには

心身の健康という医療的なウェルビーイング理解や，気持ちよく前向きな感情
があるという快楽的なウェルビーイングの考え方があるが，人間の心が良い状
態になるにはそれだけではなく，人生の意味や他者への貢献など道徳的な意義
も含まれるという。世界的な権威の１人であるM.セリグマンは，PERMAとい
う５つの要素が重要だとしている。ポジティブ感情（Positive Emotion），没頭
（Engagement），関係性（Relation），意味（Meaning），達成（Achievement）
である。研究者によって説明の仕方は分かれるが，身体的快楽や社会的成功以
外に，自分で決められることや努力，他者との共感的関係や社会貢献など，人
の心が満たされるには，必ずしもお客さんとして与えられるものだけではなく，
自分の能力を発揮できたり，意義が感じられたりすることが大事だということ
である。

　そして，つながりというと，まずは他人との関係を連想するが，自分自身と
のつながりも重要だ。自分の感情や身体としっかりつながっていることがスト
レスを軽減し，自分の力を発揮しやすくなる。近年，マインドフルネスという
言葉が広がり，瞑想などの手法を取り入れて，今この場での自分の体験に目を
向けるエクササイズが企業などでも取り入れられるようになった。自分の感情
や身体と断絶していると，心身の不調をきたしやすい。こうした１人ひとりの
ウェルビーイングへの注目は，これからの参加のまちづくりには欠かせない視
点であろう。

　もう１つ，関係人口という視点にも触れておこう。関係人口とは，全国の
ローカルな活動の格好良さを再発見し紹介している雑誌『ソトコト』編集長の
指出一正が提唱した概念で，国の政策にも取り入れられている。人口減少時代
に対応するため，地方創生という旗印のもと政府は東京一極集中から地方への
人口の流れを政策的に生み出そうとしている。しかし，この政策の単純な帰結
は，地方間の移住者の取り合いである。そうした移住・定住者だけを増やすの
ではなく，観光と移住の間の多様な関係性を増やしていくことで地域の活力を
取り戻そうという考え方である[12]。この概念も，人口増加や産業振興という数
値で測定できる従来のものさしと比較するとわかりにくいかもしれないが，地
域外の人との深い関係性が生まれることで，地域内にも新しい関係が生じ，地
域資源が発見され，新たな価値が生まれるという現象が各地で実際に起こって

いる。

　社会構造の変化と価値観の転換のなかで，コミュニティに対する期待や役割も変化している。かつてのように地域のなかに当たり前にあった互助的な関係性は次第に失われている。今後求められる現代的なコミュニティは，地域資源を管理する組織というだけではなく，多様で創造的なネットワーキングとしてのコミュニティであり，その動的な関係性のなかで課題を解決したり新しい活動を生み出したりしていくようなマネジメントの仕組みである。

　そして，本格的な高齢化社会の到来も，新しい価値観が求められる大きな社会的変化だ。高齢化社会は，高齢者の問題ではない。本書の読者には20歳前後の大学生も多いはずだが，私たちが対応しなければならない高齢化社会の問題とは，いまの若者世代，たとえば20歳の大学生が50年後，現在の高齢者より豊かで幸せに生きられる社会をどうつくり直すかという問題なのである。

　高齢化社会をまた別の視点で考えると，1年間に死亡する人の数の多い多死社会への移行であるともいえる。今後数年で，年間死亡者数は150万人を超えるといわれている。医療コストの増大や病床数の不足などから，多死社会では，1秒でも長生きすることが正しいという近代の常識は覆されるだろう。病院で亡くなる人は減り，地域での看取りが増える。どのように死を迎えるかを1人ひとりが考え選択する社会になっていく。新しい死生観を形成される時代が到来すると考えられるのである。

　こうした社会変動のなか，新しい経済も，これまでのように成長だけを求めることはできない。規模が拡大しなくても持続可能な循環型経済の仕組みが必要だ。そのなかで，社会起業やコミュニティビジネス，稼ぐ公共事業といった，社会的ニーズにもとづいたビジネスが増えている。クラウドファンディングやコミュニティ財団など，市民が自らの必要のためにお金を出し合うという仕組み，AirbnbやUberなどが代表的だが，個人が持っている資源を必要な人にサービスとして届けるシェアリングエコノミーなどが，インターネットというプラットフォームの普及によって加速している。小水力発電やソーラー発電，地熱や木質エネルギーの活用など，地域のエネルギー自治の動きも盛んである。さらに，地域通貨やギフトエコノミーといった貨幣経済以外の経済のあり方の模索など，広い範囲の地域で価値や経済が循環するシステムが生まれつつある。

　このように，地域活性化をめぐって，新しいものさしが急速に拡がっている。こうした動きは，目先の手法の変化というより，生み出したい社会のコンセプトの根本的な変容を示している。平成に生まれ令和の時代を生きる若い世代には，これまでの思考習慣でこれまでの延長の未来を惰性的になぞるのではなく，次の時代にふさわしい思考習慣を積極的にインストールし，新しい社会を切り拓いていってほしい。

1-4／新しい主体の勃興：生きること＝地域をつくること

　少し前まで，地域活性化に取り組む組織は，固定されたメンバーで継続的に活動するというスタイルが一般的だった。外部から関わる者の多くは，コンサルタントや大学教員などの専門家である。都市部から地方に専門的知見が持ち込まれ，現場では地域づくりの仲間が力を合わせて頑張る，という構造である。

　移住など人口の流動性が高くなった近年，少し様子が変わってきているように見える。かつてほど地域づくりの主体となる組織や団体が固定的ではなく，メンバーがゆるやかに出入りする傾向が見られるのである。実際，元気のある地域では次々と「新キャラ」が現れ，入れ替わり立ち替わり個性を生かして活躍する。もともと地元出身者も多いが，地域外から参加する人も少なくない。開放的なネットワークがあり，イノベーションが次々と起こる豊かな関係人口を形成している。第4章で触れるように，もちろん，コミュニティ協議会や新しい形の地域NPOなど，継続的な取り組みのための組織運営が重要であることに変わりはないが，かつてほどには地域内外の壁は高くない。

　それに応じて，参加する人の意識も変わっているようだ。これまでのように，地縁団体の活動の延長としての地域活動ではなく，また危機を迎えた地域のために頑張るという使命感からでもなく（そうした思いや活動がもちろん重要だが），自分の関心や自己実現にもとづいた活動がたまたま地域の活性化につながっているというケースも増えている。専門家の関わり方も，単に専門的な知識や技術を教えるという形ではなく，地域の人との関係性のなかでさまざまなことを企てていくような形にシフトしている。福岡県福津市の津屋崎地区で活動する山口覚さんは，地域づくりのコンサルタントとして働いていたが，実際に津屋崎に移住し，住民として地域づくりに参加することにした。現在では，

地域おこし協力隊などの制度が定着したこともあり，その土地で生きることを通じて地域をつくっていく「よそ者」の存在が一般化したが，山口さんの試みは全国でも先駆けである。第3章で触れるが，コミュニティデザインを学んだ学生も，専門家として全国を飛び回り活躍するというこれまでの一般的なワークスタイルだけではなく，1つの地域に定住し，生業を持つ1人の住民として地域に関わっていきたいという学生も増えている。地域の担い手像の多様化が進んでいるのである。

　従来の地域の人材育成は，新しい公共の担い手をどう調達するかという政策的な視点で語られることが多かった。上から目線とまではいかないが，地域を改善していくという目標がまずあり，それに向けて市民の力を活用していくという「地域目線」である。

　これからの地域づくりは，地域をどうつくっていくのかという全体的な視点に加えて，1人ひとりの市民がどのような人生を生きていきたいのかという点を汲み取ることが必要だ。筆者が関わっている山形県置賜地方の「人と地域をつなぐ事業」は，従来の地域づくり人材の発掘・育成という文脈の事業であるものの，参加者の7割が20代から40代の女性である。東北地方に嫁いできて子育てをしている女性も多く，それゆえ，地域のインフォーマルな関係性に対するニーズや，母や妻としてではなく個人の自己実現の場としての地域への期待が非常に高いことがわかった。そのため，それぞれがこの地域でどのように生きていきたいかを探求し，それを実現していく方法を考える対話型の講座にすることにした。結果，いくつもの小さい地域活動が始まり，新しい可能性が見えるようになった。こうした動きは，祭りや物産展などすでにある観光イベントをつくっていくことだけが地域づくりではない，ということを示している。あらかじめ決まった地域づくりの型があり，それに向けて頑張るのとは違う地域づくりの可能性だ。システムに人が合わせるのではなく，人に合ったシステムをともに立ち上げていくマインドであり，こうした姿勢は今後ますます主流になっていくだろう。

　こうしたやわらかな地域づくりにおいて大事なポイントは，正しさだけで人は動かないということだ。課題解決や使命感，社会的正義だけではなく，参加することが楽しいか，ありのままの自分が尊重されているかどうか，自分の思

いの実現にどうつながるか。こうした気持ちや関係性にしっかりと目を向けることも，次世代のコミュニティマネジメントに不可欠だといっていいだろう。

本書は，そうしたマインドを持った人にこそ読んでほしい。それを活かす効果的な技術として，場，プロセス，組織のマネジメントを紹介するのが本書の主眼だが，その前にもう少し，コミュニティをめぐる一般的な問題を整理しておこう。

2／コミュニティの定義

2-1／近代が生み出したコミュニティ問題

コミュニティとは何か。現代の大学生は，コミュニティというとSNS上のコミュニティをまず連想する人も多い。あるいは，地域の町内会などの活動を思い浮かべたり，少し懐かしい印象を持ったりする人もいるだろう。インターネット上のコミュニティについては，若い世代が思っているよりも新しい言葉の使い方である。これについては後ほど述べるが，コミュニティはもともと地域社会の人間関係を指す言葉だった。とはいえコミュニティを，昔は十分にあったけれども，個人の社会的孤立が進んだ現代では失われてしまったもの，という図式に当てはめるのは，やや単純すぎる。どういうことか。

ポーランドの社会学者で社会の分断やコミュニティに関する鋭い発言をしているZ.バウマンは，「自由で安全なコミュニティは可能か？」という問いを立て，コミュニティの現代的な問題を明らかにしている[13]。自由と安全が両立するかどうかという問題の投げかけは，裏を返せば，「自由だが安全でないコミュニティ」と，「安全だが不自由なコミュニティ」は実現しやすい，ということだ。

コミュニティは，人の集合という見方ができる。その集団に属している内部と属していない外部を分けることによって生まれるさまざまな関係性や機能によって，コミュニティに特有の現象―メリットもデメリットもある―が生じる。気の置けない仲間に囲まれた居心地のよさは，1つの集団の内側にいることの安心感である。こうした密な関係があれば，助け合ったり力を合わせて何かを

成し遂げたりすることもできるだろう。一方で，そうした関係性が悪化したり，強くなりすぎたりすると，仲間内で気を使い合って疲弊したり，自由に振る舞えないしがらみも生まれる。また，内輪受けといわれるように，外部に対する無関心や排他的な態度になることもあるかもしれない。人が集団になることは，良い成果を生み出す場合も，反対にネガティブな結果を招く可能性もあるのだ。

　農村から都市へというおおまかな人類の歴史的変遷のなかで，このコミュニティによる自由と安全を振り返ってみよう。単純な図式を先に提示すると，農村型共同体では誰もが守られて安全な反面，個人の自由は少ない。逆に，近代化・都市化が進んだ社会は，個人の自由を求めて発展してきたが，個々がバラバラで不安な社会になってしまった。

　農村社会ではかつて，その村に生まれた者のほとんどは，そこで結婚し家庭をつくり，家族と集落の人々に看取られて亡くなっていった。そうした暮らしのなかでは，将来の職業は決まっており，現代の若者を悩ます就活や婚活の苦労はない。適正な年齢になれば結婚相手が紹介され，もし病気や怪我に見舞われたとしても，集落の成員に世話をしてもらいながら生きていくことができただろう。しかし，好きな仕事に就き，住む地域を選択する自由はなかった。外からの人を拒むような排他性もあったかもしれない。

　ところが，18世紀の半ばに始まる産業革命が，社会の近代化をもたらした。それまで支配的だった宗教的世界観から科学的世界観へと転換し，新しい人間観が生まれた。すべての人間は法のもとに平等であり，人間らしさとは理性を持ち，自分で判断をして人生を選択する自由を持つという人間観である。すべての人が自分らしく生きられる社会を実現するのが近代の使命であり，個人の自由が尊重されたのである。ルソーの『社会契約論』やミルの『自由論』が書かれたのはちょうど18世紀の半ばを過ぎた頃。思想家が近代社会の基盤となる考え方を提示し，多くの議論が戦わされた時代でもあった。

　産業革命やそれにともなう都市化によって，生産と消費のかたち，資本と労働のかたちも大きく変わった。農村の暮らしでは，集落で必要な食料や日用品は，その集落の内部でつくり，使用していた。都市に多くの人が住むようになると，当然都市のなかで食料を賄うことはできない。大きな農地で大量の食料が生産され，都市で売られるようになった。日用品も，産業革命を背景にした

工業化によって，工場で大量生産されるようになった。都市に住む人々は，お金を出して日常生活に必要なものを買うことになったのである。貨幣経済が広がり，広い土地を持つ地主や，工場や鉄道をつくることのできる資本家が莫大な富を蓄えるようになった。この大きな変化の時代，M.ウェーバーは都市化していく社会構造の変化を論じ，マルクスとエンゲルスは変わりゆく時代の本質的な問題を『資本論』で提起しようとした。社会学という学問分野が形成され，経済学の発展にもつながるような大きな社会変動の時代だったといえる。

　他方で近代化は，貴族でも民衆でもない，都市を中心に豊かな商人や資本家といった中産階層を生み，政治的に力を持ちさらに市民革命を進めていくとともに，新しい都市文化を生み出した。日本でも人気の高い印象派の絵画には，パリやウィーンなど新しく勃興した都市文化が多く描かれている。しかし，そうした都市の新しい文化が隆盛を極めると同時に，都市的な問題や民衆のそれまでにない苦しみが生まれたのも事実であった。

　都市は過密状態になり，それまでにない劣悪な環境で暮らす人々，貧困や病気など社会的な不安が増えていった。都市のアノニマスな環境は，しがらみのない自由な生き方を提供した裏で，誰にも頼ることのできない人々が個々でバラバラに自力で生きていかねばならないという，寄る辺ない不安も生んだのである。

　1900年代初頭，シカゴ大学社会学部では，猛烈に都市化の進むシカゴをフィールドに先駆的な研究を行い，「シカゴ学派」と呼ばれる新しい都市社会学の潮流をつくっていった。米国イリノイ州のシカゴは，ミシガン湖岸の小さな集落だったが，ミシシッピー川とつなぐ運河の開通によって交通の要衝となり，急激な発展を遂げた。1830年には350人だった人口は，20年後に100倍の約3万人に，1930年にはさらに100倍の約330万人に膨れ上がったというから，その変化は想像を絶するものだっただろう。こうした急激な人口の流入と都市化は，それまでには想像もできなかったさまざまな都市問題を引き起こし，人々の病理をも生んだ。

　19世紀末，そのようなシカゴに創設されたシカゴ大学の社会学者たちは，さまざまな社会問題が渦巻くシカゴを「社会学的実験室」と位置づけ，移民してきた人々や労働者たちがどのように暮らし働いているか，実際に都市のなかに

飛び込んでその実態を明らかにしようとした。観察やインタビューなどのフィールドワークを通じて，場合によっては，住み込みながら参与観察を行い，それまで人類が目にしてこなかった都市の人々の生態を記述していくという画期的な研究が行われた。都市化の問題を科学的な態度で解明し解決策を考えるという意味でも，都市社会学という研究分野の方法論という点でも革新的であった。

　「自由で安全なコミュニティ」という私たちの文脈でいえば，ここで発見された都市の民衆は，自由の裏側にある必ずしも安全とはいえない都市の暮らしを体現している。N.アンダーソンは，ホーボーと呼ばれる流浪の労働者たちの暮らしを，自分もホーボーとして暮らす中で研究した[14]。ヨーロッパなどから移住してきた彼らは，不況の中で職を失い，ホームレスとなっていた。中にはあえて故郷との関係を絶って，無名性の中で生きられる都市の労働者として生きる選択をしているという者もいた。そうした人々の暮らす相対的に関係性の希薄な地域社会が都市の内部に形成されていたのである。

　さて，私たちはさらに1世紀，都市化の進行した現代に生きている。近隣の住民と関わらず1人で生きていける利便性の高い住環境の整備が進み，移動や情報の取得も自由になった。物質的には豊かになったが，社会的な孤立は当たり前のものになり，格差社会は進行している。都市生活は，漠然とした不安に包まれたままだ。その不安は，何によって埋められるのだろうか。日本において，かつて地域社会に埋め込まれていた「いのちの世話」に替わるのは国家が用意する社会保障なのだが，都市部で子育てをする場合から，山間地域で高齢者が1人で生活する場合まで，心底それをあてに安心して暮らせる社会が実現できているだろうか。災害時や不慮の事故に見舞われたとき，国家が私たち1人ひとりを助けてくれるだろうか。民間が不採算を理由に，交通や流通や医療サービスを停止したときに，誰に助けを求めればよいだろうか。

　コミュニティを考える下図として，これまで見てきたように，安全だが不自由な社会を脱し，自由を求めて近代化を進めてきた結果として引き起こされた，自由だが不安な社会という構図を置いてみると，コミュニティという問題そのものが，近代社会が生み出した問題なのだということがわかるだろう。

　1人ひとりが自分らしい自由な人生を送りたいというときにも，それを実現

するコミュニティが必要であり，何かあった時に安心して暮らしていけるために必要なのもコミュニティなのである。何かあったときに心配だからと，かつての農村的な共同体に戻ることはできない。安全なコミュニティは欲しいが，自由は手放したくないというアンビバレントな欲求が，現代を生きる私たちにはあるからだ。自由で安全なコミュニティをどのように形成できるかというテーマは，私たちの大きな課題であり，多くの人が地域づくりに参加できるような仕組みを構築する際にも重要な視点になるはずだ。

2-2／コミュニティを考える多様な視点

　英語のコミュニティ（Community）の語源は，ラテン語のcommunusである。munusは，「贈与」や「義務」，「任務」といった意味で，comは，「共同の」，「相互の」という意味を表す接頭語。つまり，前節で取り上げた伝統的な農村の共同体の暮らしに見られるように，相互にモノや行為を贈り合ったり，共同で１つの作業に従事したりという，地域生活を支えるために住民同士が力を合わせるさまざまな活動を表していた言葉である。語源を確認すると，コミュニティという言葉が指す本質的な意味は「人々が何らかの集団に属しており，その人々が何らかの形で集団全体に寄与しているという状態」を指すといえる。またcommunusはmunicipal（自治体の，市の）の語源でもあることから，コミュニティという言葉が地域社会や地域の自治体を指すという使い方も納得できる。

　地域社会の近所付き合いや相互扶助を，ごく当たり前に見られる常識的な現象ではなく，学術的・分析的に考えなくてはならなくなった原因は，前節で見たような近代化による社会の変容である。社会の変化につれて，これまでは見られないような新しい人間関係が生み出された。それゆえ，それまでは当たり前すぎてあえて注目されることのなかった地域社会のさまざまな現象（コミュニティ）が，考察されることになったのである。この必要から，さまざまな分析概念が用意された。

　もっとも基礎的な分類は**図表１−２**のような農村型・都市型のコミュニティ分類である。農村型は共同体的な同質性にもとづいた，非言語・情緒的な結びつきを特徴とし，都市型は個人の公共意識をもとに，言語的・規範的な結びつ

図表1－2 コミュニティ形成原理の2つのタイプ

	同心円を広げてつながる	独立した個人としてつながる
根拠	共同体的な一体意識	個人をベースとする公共意識
性格	情緒的（＆非言語的）	規範的（＆言語的）
関連事項	農村型コミュニティ	都市型コミュニティ
	「共同性」	「公共性」
	文化 個々のコミュニティに自足する 個別的なもの	文明 複数のコミュニティが出会うと ころに生成する普遍的なもの
ソーシャル・キャピタル	結合型（bonding） 集団の内部における同質的な結 びつき	橋渡し型（bridging） 異なる集団間の異質な人の結び つき

出所：広井（2009）をもとに筆者作成。

きを示す。身の回りでも，家族や親しい友人の仲間内の関係性と，職業やボランティア活動における人々との関係性は異なる特徴があると感じられるだろう。

　都市社会学のなかでコミュニティを分析する概念は，伝統的な地域社会から新しい近代的で都市的な社会への変化のなかで生み出されたものが多いため，集団の特徴を2つにタイプ分けすることで理解しようとするものが多い。たとえばアメリカの社会学者C.クーリーは，家族や近隣住民の日常的な付き合い，地縁組織や若者の集団など，どのような国や社会にも見られるような人々の関わりを「第一次集団（Primary group）」と名付け，こうした親密で協力的な結びつきのなかで人間性が養われると考えた。その後，第一次集団に対して，マスメディアや経済的な活動によって生まれる利害に基づく集団を「第二次集団」と区分し，さまざまな社会分析が行われた。

　クーリーに先立って，ドイツの社会学者F.テンニエスは，産業革命によって近代化の進む社会の大きな変化を，「ゲマインシャフト」から「ゲゼルシャフト」への移行であるとして，社会全般の変容を分析した。ゲマインシャフトは，血縁や地縁といった村落的つながりとして現れる自然的結合：本質社会で，一方のゲゼルシャフトとは，商業や法にもとづく都市的つながりで，選択意志による人為的結合：利益社会を指す。テンニエスは，実在的有機的な生命体であるゲマインシャフトが持続的で真実の共同生活であり，対するゲゼルシャフト

は観念的機械的な形成物であると考えていた。テンニエスの概念は，具体的な集団の分類にとどまらず，家内経済や農業などを通じて日常的な暮らしのなかで常識として共有されていた関係性が，商業や工業，近代的学問の発達のなかで新たな関係性に取って代わられていく社会構造の本質的な変化を捉えようとした包括的な社会理論であった。

スコットランド出身でのちにアメリカに渡って研究を行ったR.マッキーヴァーは，コミュニティという言葉をはじめて社会学の用語として定義付けて使用したとされる社会学者である。マッキーヴァーは社会を「コミュニティ」と「アソシエイション」に分け，前者を人々の生活が営まれる地域にもとづく基本的な共同性や生活圏全体とし，後者をそのなかでさまざまな目的のために形成される集団だと規定した。生活圏は，村落や都市，国民社会などさまざまなスケールがあり，集団も，家族，地域組織，企業，労働組合，国家など多岐にわたる。マッキーヴァーによる区分は対立的ではなく補完的であり，社会が機能するメカニズムを分析する概念でもある。

シカゴ派の社会学者R.パークは，ある地域のなかで自然に共生している人々の「コミュニティ」に対して，さまざまな違いを持つ人が社会的な抗争を通じてつくり上げていく「ソサエティ」を対比させることで，都市化の過程を理解しようとした。この背景には，20世紀初頭のシカゴの急激な都市化がある。そ

図表1－3 コミュニティを分析する代表的な概念

	伝統的な共同体 ➡	都市社会における共同体
クーリー C.H.. Cooley (1929)	第一次集団 親密で協力的な結びつき	第二次集団 利害に基づく集団
テンニエス F. Tonnies (1887)	ゲマインシャフト 地縁・血縁による自然的集団	ゲゼルシャフト 選択的目的的集団，法社会
マッキーヴァー R.M.MacIver (1917)	コミュニティ 共同生活の基盤	アソシエイション 教会やクラブなど共通の関心
パーク R.E.Park (1925)	コミュニティ 生物的競争の集合	ソサエティ 社会的抗争の集合

こでは，文化的背景や利害関係を異にするさまざまな人々がぶつかり，競争することを通じて，新しいルールや秩序が生み出され，次第に共通の文化的基盤を獲得するという過程があった。そうしたコミュニケーションを通じた合意にもとづいてできていく社会こそ，文明的・人間的な生活環境だと考えたのである。

　ちなみに，英語の語源的な意味でcommunityは同質的な関係にもとづく連帯を，societyは異質な個人同士の連帯を指す。たとえば池袋の中国人コミュニティに日本人が入ることはできないが（community），池袋駅前地区のエリアマネジメントを行うためには多様な職業や人種の人たちが利害や価値観を調整し，合意し，力を合わせていかなければならない（society）。日本語でコミュニティあるいはコミュニティマネジメントといった場合，この両方の意味が含まれてしまうが，厳密にはルーツの異なる集団の特性が混じっているということは覚えておいてほしい。

　日本の都市社会学者奥田道大は，日本の都市の近代化のなかで生じてきた変化と今後の望ましい都市型コミュニティのあり方を示す**図表1－4**のようなフレームワークを提案している。上記のコミュニティ／ソサエティの議論とは少し異なる軸だが，身の回りの地域社会で起こっている問題を捉えるのに有効で

図表1－4　奥田のコミュニティモデル

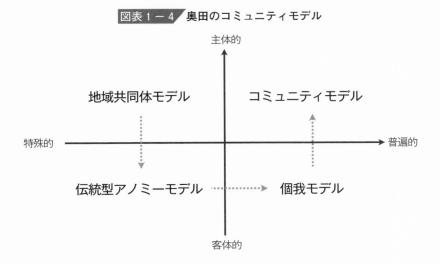

ある。奥田は，地域社会における共同性を，地域性と普遍性の二軸に分けて分析している。地域性とは住民が地域への帰属意識を高く持っているかどうか，普遍性とは個別の伝統的地域社会ではなく新しい成員にも開かれているかどうか，を示す。まず地域性が高く普遍性の低い「地域共同体」は，昔ながらの地域である。町内会や部落会が多くの世帯の意見を代表している地域。こうした地域は結束が高く地区内の運営はうまくいくが，逆に排他性が高いこともある。「伝統型アノミー」は，都市化の流れのなかで新住民が増えてくると地域運営の担い手が一部になり，多くの住民が無関心層になっていくという状態である。そして「個我」は，地域を自治する力がさらに弱くなり，郊外の住宅地のようにさまざまな地方出身の人々で構成され，住民の関心はもっぱら個人の生活に向かい，地域への参加は最低限になる。場合によっては，住民が好き勝手に自分の都合だけを主張するような状態も起こり得る。「コミュニティ」モデルは，そこからさらに一歩進み，その地域で生まれ育ったからというだけではなく，住むことを選択することで地域への帰属意識が生まれ，多様な人の出入りがあるなかで地域を自分たちでつくっていくという意識のある地域である。いわば理想的な都市型コミュニティ像である。

　集団のタイプ分けではなく，身の回りのつながり方の違いからの議論として，社会学者の上野千鶴子は「選択縁」という考え方を示している。血縁は生まれながらにして決められており，また地縁についても，地域の組織のなかでは義務的であることから，基本的に「選べない縁」である。職業上の社縁も，個人の好き好きで選べることは少ない。そうした選べない縁に対して，上野は主に主婦層の女性の暮らしを調査することで，趣味やボランティアなどもっとパーソナルで伸縮自在なネットワークが多様に存在することを指摘した[15]。血縁や地縁がマッキーヴァーやパークの「コミュニティ」，社縁が「アソシエイション」や「ソサエティ」だとすると，これらは選べない縁である。これに加えて上野は，自ら選択できる縁があることを示したのである。

　現代ではこうした基本的にフェイス・トゥ・フェイスの関係性から生まれる縁のほかに，インターネットによってつながる多種多様な縁が存在している。コミュニティという言葉からSNS上のコミュニティをまず思い浮かべる若者も多いと思うが，これまで見てきたように，コミュニティはそもそも地域の関係

性を示す用語であった。インターネットを介してつながる人々の集団もある種のコミュニティであると考えられるようになったのは，90年代半ば以降のことである。インターネットの掲示板などでのコミュニケーションを，「コンピュータ・メディエイテッド・コミュニケーション」と呼び，それによって生まれる関係性を「ヴァーチャル・コミュニティ」として論じたのは，アメリカ人ジャーナリストのH.ラインゴールドである[16]。世界中の複数の市民が対話できる空間の出現が，新しい政治や文化の空間を生み出すと期待され，それはコミュニティといってよい連帯だと論じられた。ここで注意が必要なのだが，英語のヴァーチャル（virtual）は，ヴァーチャル・リアリティが仮想現実と訳されるように，「実際には本当ではない」ことや「虚像の」といった意味もあるのだが，英語の意味合いとしては「事実上の」，「実質的な」というニュアンスが強い。つまり，「表面上はそう見えないが実際はほとんどそうである」といった意味である。ヴァーチャル・コミュニティという言葉，つまりインターネット上のコミュニティを考えるときには，仮想のコミュニティ（＝現実のコミュニティとは違う偽物）と考えるより，事実上のコミュニティ（＝地域コミュニティと違ってフェイス・トゥ・フェイスではないが，実際にはコミュニティと呼んでよいもの）と理解したほうがよい。

　インターネットを介したさまざまなコミュニケーションについては多角的な研究が進んでいる。ここでは立ち入った紹介はできないが，2000年代初頭までは特殊なコミュニケーション手段だったインターネットが急速に普及し，現代社会では誰もが日々利用する社会生活のインフラとなっている。それゆえ，ネットコミュニティを特別視するよりも，フェイス・トゥ・フェイスのコミュニティとSNSなどを通じたネットワーク上のコミュニケーションが相互に補完しながら重層的に絡み合うことで私たちの社会空間を形成していると考える視点が重要だ。さらに，シェアリングエコノミーやシビックテックなど市民主導の経済システムや地域課題解決のアクションもスマートフォンの普及やGISやIoTといった情報技術の発展によって可能性が広がっている。一方で，比較的新しい問題として，LINEいじめやフィルターバブルといった問題も発生しており，そうしたネガティブな側面も考慮する必要はあるが，これからの地域生活を豊かにしていくためには，インターネットを介した多様なコミュニケー

ションや新しい情報技術を活用したサービスデザインの視点が不可欠になるということは間違いない。

　最後に，コミュニティの見方について，社会的ネットワーク論の視点を簡単に紹介しよう。社会的ネットワーク論は，人と人との結びつきのかたちから社会現象を説明しようという学問である。人をノード（node），人と人との結びつきをタイ（tie）といい，このつながり方やその数学的な分析を通じて組織や地域の現象や課題解決方法を理解しようとする。InstagramやFacebookは「友だち申請」や「フォロー」という「つながり」の仕組みがあるから，SNSのユーザーには社会的ネットワーク分析で描かれるネットワーク図をイメージしやすいだろう。古典的な研究に，アメリカの社会学者M.グラノベッターが明らかにした「弱い紐帯の強み」という理論がある。有益な職業の情報は日常的に深く付き合っている強いつながりからではなく，少し遠くの関係（弱い紐帯）から得られやすいという理論である。就職の情報は血縁や信頼できる人から条件のよい話が得られやすそうだが，実は深いつながりのネットワークのなかでは情報も多く共有されていることから，しばしば遠くの関係から全く新しい有益な情報がもたらされる。イノベーションが起きるには弱い結合が強みを発揮するのである。

　本書では深く立ち入ることはできないが，うまく機能している地域運営組織がどのようなネットワークの特性を持っているか，地域のキーパーソンの働きを社会的ネットワークの視点にするとどのようなことが明らかになるか，コミュニティによるまちづくりの分析で生かせる範囲は広いはずだ。

2-3／ここで取り上げるコミュニティ

　本書では，地域を縁とした地理的に近接性のあるコミュニティを対象に，そこでのつながりづくりの手法を紹介する。地域の特定の組織や活動までを含む昔ながらの地域のつながりや相互扶助というマッキーヴァーの「コミュニティ」やクーリーの「第一次集団」を基盤に，地域を運営するさまざまな組織（マッキーヴァーの「アソシエイション」）の活動や，パークの「ソサエティ」のような動的に生成される規範や合意形成といった動きを含めた地域の活動全体を視野に入れる。旧来の自治組織に限らず，NPOなど新しい形の組織も含み，

行政や企業もその地域のコミュニティの一部として考える。また，そこにどのように新しい住民を参加させていくかという視点も重要であり，必ずしも組織的ではない地域のパーソナルな活動や関係性も視野に入れた議論を行う。地域を縁にしたコミュニティであっても，今はスマートフォンやSNSなどの情報技術も大きく影響を与える。そのため，フェイス・トゥ・フェイスの関係性とインターネットを介したコミュニケーションの双方を視野に入れたコミュニティを扱う。そして，かつてと異なり，成員の流動性も高い。これらは固定的なものではなく，絶えずゆらぐ動態的なものである。

　本書に特徴的な視点は，こうした現代的な地域コミュニティの現実にフィットした具体的なコミュニティづくりの手法を提案するという点である。そして，本書ではコミュニティを，地域の課題解決や主体形成という成果のための有効な手段として考えるだけでなく，人間らしい豊かな暮らしのための「基本的な必要」と考えて論を進める。管理社会化が進み経済合理性が優先される現代の都市空間は，人々が安心して存在し，活き活きと活動することを難しくしている。1人ひとりの存在が認められ，1人ひとりの活力が引き出されるような地域こそ，本当に目指すべき地域の未来の姿だといえるだろう。それゆえ，いま直面している課題の直線的な解決方法だけではなく，多様な人同士がともに居られることそのものにも大きな価値や幸せがあるという前提に立って，この後の具体的な手法を紹介していくつもりだ。目的の達成や合意形成を最短距離で成し遂げることを求めるのではなく，長期的かつ幅広い視野を持って，このまちにどのような関わりを広げていくか。そうした構想に向けて，それぞれの現場から，どのような関わりの空間をデザインするか，関わりの手順を設計するか，関わりの組織をオーガナイズするかを考えてみてほしい。

3／つながりを生み出すソーシャルテクノロジー

3-1／地域の変化＝新しいコミュニティの成長

　地域社会は，人と人との関係性の集合体である。1人ひとりの関わり方がその地域で起こる動きや問題を生み出しており，その関わり方の変容が，すなわ

図表 1 − 5 つながりの変化と地域の変容

段階 1　一部のメンバーで地域活動を行なっている段階。活動やメンバーは固定的。

段階 2　地域内外の新しい人とつながり，一人ひとりの意識や行動が変わり始める。

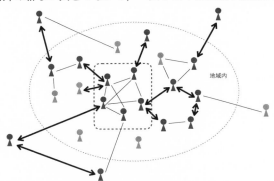

段階 3　新しい結合が起き続け活動が次々に生まれる。地域に新しい生態系が生まれる。

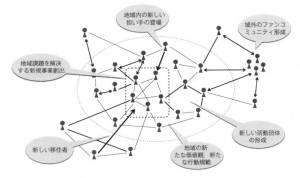

ち地域の変革である。時代に合わせて変化を遂げている地域を観察してみると，地域内外の人々の関係性が組み変わり，その中から新しい動きが生じていることがわかる。

　図表1－5は，そうした地域の変化を図式化したものである。上の図の段階1は，従来型の地域もしくは変化の生じる前の状況を表している。地域内の一部がネットワーク化されているものの，関係性は一部に限られ動きは少ない。固定的なメンバーで地域づくりを推進しており，新住民や地域外の人たちとの接触はあまりなく，新しい動きもない。毎年決まった行事を繰り返し，地域課題に対する意識はあったとしても，どのように取り組めばよいのか不明な状態である。多くの地域にこうした問題が見られる。

　中央の段階2では，人や資源の新しいつながりが生まれ始めている。ワークショップの実施やある拠点ができたことが契機となって，それまでは顔を合わせたことのなかった人がつながる。また地域外とのつながりも増えていく。未知の人や考え方との出会いから，それぞれの自分自身への向き合い方や地域への愛着などの意識が変化し，徐々に行動が変わり始める。

　下の図の段階3になると，新しい関係性の中からさまざまな新しい動きが起こり始める。必要なものが資源の組み換えの中で生まれ，地域に新しい価値をもたらす。新しいつながりが連鎖的に生じ，新しい動きが次々と起こり続ける動的で自律的なコミュニティが生まれる。コミュニティの生態系といってよい状態である。この段階になると，かつてのシステムは組み変えられ，新しい思考習慣や考え方，行動規範が内在された新しいコミュニティが実現する。コミュニティマネジメントで重要なのは，地域の変化をこのような新しい形のコミュニティが生まれ，成長していく視点で捉え，分析する点である。

3-2／関係性の場の設計論

　こうした人と人の新しいつながりが生まれていくかどうかは，関わり合う場の質によって左右される。いつもと同じメンバーがいつもと同じように関わっていては，地域にイノベーションは起こらない。これまでどおりの場からは，これまでどおりの関係性が再生産されるだけである。それゆえ，新しい「関係性をひらく場」をうまく設計できるかどうかが，地域を動かしていくための重

要なポイントになる。

　本書では，新しいつながりを生み出す関係性の場の設計技術として，次の3つのアプローチを紹介する。すなわち，人と地域がつながる「場」，活動の主体を育む「プロセス」，つながりを支える「組織」である。

　人と地域がつながる「場」とは，地域の物理的な交流拠点である。公民館や市民活動支援センターといった地域コミュニティの拠点から，近年増加傾向にあるコミュニティカフェや地域の居場所，コワーキングスペースなど，地域内外の人と資源の創造的な出会いの起こる拠点に注目する。

　活動の主体を育む「プロセス」は，コミュニティデザインと呼ばれる領域である。ワークショップによって地域の人の主体性を高め活動を生み出していくアプローチで，住民参加による地域計画づくりや施設設計など，さまざまな分野で盛んに行われ始めている。

　つながりを支える「組織」は，継続的な地域活動を支えるためにはどのような組織づくりが必要かという視点である。かつては地域の自治会などがその中心を担っていたが，近年では，NPOや合同会社など新しい形態の組織も増え，時代の要請に応じて多様な考え方の活動主体による試みが行われている。

　これらの物理的な拠点による空間づくりのアプローチ，コミュニティデザインによるプロセスからのアプローチ，地域自治や活動を推進する組織論からのアプローチは，方法的には異なるが，どれもその地域にふさわしい新たな「関係性の場」を構築し，そこで創造的なコミュニティを育て，継続させるための「技術」であるという点で共通している。本書では，これらを「ソーシャルテクノロジー」すなわち，社会をより良くしていくためにさまざまな地域の現場で活用できる社会技術として捉え，それぞれの理論的背景から実践事例までをわかりやすく解説する。

3-3／地域のシステムチェンジに向けた見取り図

　第1章を閉じるにあたり，社会変容の過程を表した概念モデルを紹介したい。社会のシステムチェンジを新旧2つのパラダイムを表した2つのループで表した図である（**図表1－6**）[17]。

　本書で紹介するコミュニティによる地域づくりのプロジェクトの数々は，い

ままさに全国で産声を上げ，各地で成果を上げ始めている。それは新しい社会のあり方を予兆してはいるが，社会全体の多くの人が当たり前に考えている地域像や新しい思考習慣として定着しているとはいえない。まだまだ萌芽的な取り組みである。では，そうした取り組みには価値がないかというと，そうではない。社会システムのパラダイムシフトが起きるとき，次の時代のシステムはまずイノベーターたちによる小さくマイナーな動きとして静かに始まるのである。図の左側，これまでのシステムが機能不全を起こし始め，下り坂になっていくなか，やがて次に訪れる新たなパラダイムにつながるイノベーションの種が生まれ始める。しかし，それらはまだ断片的で，社会の多くの人の評価は得られていない。やがてそうしたイノベーターたちの取り組みが，相互につながり始める。社会現象として浮かび上がり，少しずつ多くの人に認知され，広がり始める。図中の右側のループを上昇し始めるのである。そして，旧いパラダイムにとらわれていたマジョリティの人々が，いつの間にか新しいシステムの

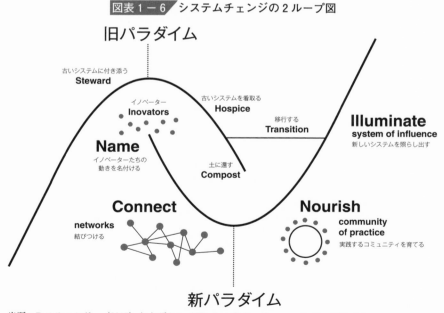

図表1－6　システムチェンジの2ループ図

出所：B.スティルガー（2015）およびArt of Hosting Online Communityウェブサイト
（https://artofhosting.ning.com/forum/topics/two-loops-activity-notes）をもとに筆者作成。

考え方を受け入れ，移行する。

　地域が変わろうとするとき，次の時代の価値観を先行的に取り入れた人や取り組みが芽を出し始めるのだが，それはまだ小さく弱い。「出る杭は打たれる」といわれるように，革新的だからこそその芽が摘まれてしまうことも多い。本書で扱うコミュニティマネジメントとは，そうした萌芽的なアイデアや想いを持った人々の新しい関係性を拓き，多様な人や資源と結びつけ，少しずつ地域の動きとして育てていくことだといってよい。地域のシステムチェンジにつながる動きを進めていくために，「場」，「プロセス」，「組織」の設計が有効なのである。

● 注

1　広井良典他編（2010）『コミュニティ 公共性・コモンズ・コミュニタリアニズム』勁草書房。

2　山崎亮（2016）『縮充する日本「参加」が創り出す人口減少社会の希望』PHP研究所。

3　ジョン・ガーズマ，マイケル・ダントニオ著　有賀裕子訳（2011）『スペンド・シフト＜希望＞をもたらす消費』プレジデント社。

4　塩見直紀（2003）『半農半Xという生き方』ソニーマガジンズ。

5　横川和夫（2003）『降りていく生き方「べてるの家」が歩む，もうひとつの道』太郎次郎社。

6　ソーヤー海，東京アーバンパーマカルチャー（2015）『都会からはじまる新しい生き方のデザイン』エムエム・ブックス。

7　熊倉敬聡（2014）『瞑想とギフトエコノミー』サンガ。

8　鷲田清一（2015）『しんがりの思想 ―反リーダーシップ論』角川書店。

9　R.D.パットナム著　河田潤一訳（2001）『哲学する民主主義―伝統と改革の市民的構造』NTT出版。

10　平田オリザ（2016）『下り坂をそろそろと下る』講談社。

11　前野隆司（2013）『幸せのメカニズム 実践・幸福学入門』講談社。

12　田中輝美（2017）『関係人口をつくる―定住でも交流でもないローカルイノベーション』木楽舎。

13　Z.バウマン著　奥井智之訳（2008）『コミュニティ―安全と自由の戦場』筑摩書房。

14　N.アンダーソン著　広田康生訳（2000）『ホーボー―ホームレスの人たちの社会学』ハーベスト社。

15　上野千鶴子（1987）「選べる縁・選べない縁」栗田靖之編『日本人の人間関係』ドメス出版。

16　H.ラインゴールド著　会津泉訳（1995）『バーチャル・コミュニティ―コンピューター・

ネットワークが創る新しい社会』三田出版会。
17　B.スティルガー（2015）『未来が見えなくなったとき，僕たちは何を語ればいいのだろう
　　─震災後日本の「コミュニティ再生」への挑戦』英治出版。

第 **2** 章

人と地域がつながる「場」

　さまざまな人が集まり，自由に関わり合える空間と時間がなければ，創造的な出会いが起こることはない。考えてみれば当たり前ではあるが，人々の新しいつながりを生み出すような場を適切につくりだすことが，コミュニティマネジメントの基本中の基本であるといってよい。

　本章では，人と人とが出会い，コミュニティが育っていくような地域の具体的な交流空間について，そもそもそうした場が求められるようになった背景，公民館や市民活動センターなどコミュニティの拠点の歴史的展開を概説した上で，コミュニティカフェ型，コミュニティケア型，コワーキングスペース型の3類型に分けて多様なコミュニティの場の特徴を示し，さらにコミュニティマネジメントの視点からそうした交流空間を捉えるために有用ないくつかの代表的な理論を紹介する。

1／コミュニティにおける場の役割

1-1／場への注目

　地域コミュニティの活動のなかで「場」が必要だといわれることが増え，実際に新たなタイプの地域交流空間が増えている。これは，自治会・町内会といった地縁組織が主な地域の担い手だった時代から，NPOや地域おこし協力隊など多様な人々が多様な形で地域に関わるようになった現在の地域の状況への変化と無関係ではない。その地域にもとからいる人々だけによるコミュニティ再生ではなく，新住民や地域外の人々も含めた新しいコミュニティ創造が地域を駆動する時代へとシフトしてきているのである。それゆえ，多様な人が出入りし出会うことのできる具体的な交流空間が，これまでにも増して重要となるのだ。そこで求められるのは，昔ながらの寄り合い所や1970年代に整備されたコミュニティセンターとは異質な場である。

　社会学者の田所承己は，こうした場の意味合いの変容の背景には，移動や情報の流通といったモビリティの変化もあると指摘している[1]。SNSによってさまざまな情報がグローバルにつながるようになったことで，たとえばアニメの聖地巡礼のような現象を通じて，場所性がそれまでと異なる意味を持ち，それまでにはなかった場所とのつながりが生じる。同時に，地域内外のさまざまな人々が，コワーキングスペースなど特定の場所を通じて創造的につながるようになり，従来のまちづくりの形が大きく変容していく。情報社会とは，場所の意味や意義を大きく変化させていく時代でもあるのだ。

　実際に2000年代以降，それまでには見られなかった形態の交流空間が各地で増えている。市民参加のまちづくりを背景にしたコミュニティカフェ，地域福祉の制度的ではないケアの場である地域の居場所や認知症カフェ，中心市街地の賑わいを取り戻す広場的な空間の数々，地域活性化や社会変革を志向して開かれたコワーキングスペース，地域で子育てを支援し子どもを見守るための子ども食堂やおでかけひろばなど。いずれも，それまでにはなかったタイプの場である。しかも，まちづくりから福祉まで，その分野は横断的である（本章の

図表2－1 地域の交流空間の代表例「芝の家」（東京都港区）

第2節で，多様な場の成り立ちや経緯を概観する）。

　こうした，小規模だが多様な人が出入りし交流することのできる空間では，地域の新しいつながりが生まれ，そこから自然発生的に主体的な活動が生まれることが多い。にぎやかに談笑したり，地域のグループが熱心に活動に取り組んでいたりという光景はそれだけで好ましいものだが，本質的な価値に目を向けてみると，そうした空間は地域の社会関係資本（→コラムP.40を参照）を醸成していく具体的な装置となっているとわかるだろう。小さくとも多様な人が行き交う場があることで，これまで近隣に住まいながらも出会うことのなかった人が顔見知りになり，信頼関係を築いていくきっかけができる。世代や文化的背景を超えた出会いは，とりわけ都市部では生まれにくい。小さな場の大きな価値である。もちろん，個々の交流空間に出入りする人数には限界があるが，1人ひとりの関係性が集積した全体が地域社会だと考えるなら，日々の関わり合いのなかから地域の人々の関係性が少しずつ変わっていくことは，いつか地域全体の大きな変革につながるはずだ。

　本章では，現代が場所の意味を大きく変化させていく時代であるという認識に立ち，これまでになかったタイプの地域拠点が，人々の交流や発想，資源の関係性を変えていき，地域に新しいつながりや活動を生み出していく現象を中心に論じていく。そのためにもまず，情報技術の進展によってどのような変化が起こっているのかを整理しよう。

1-2／SNS社会における場の価値の変容

　現代社会は，情報通信技術の発展やスマートフォンの普及によって，「いつでもどこでもつながれる」社会だといってよい。居ながらにしてありとあらゆる情報が手に入り，会いたい人とすぐにコミュニケーションすることができる。Google Mapのストリートビューを使えば，現地に行かなくても，世界各地のまちのなかを移動しながら通りの景色を眺めることができる。

　10年ほど前，とある授業でこんなことがあった。小学生時代をカリフォルニアで過ごした学生がクラスにいたのだが，彼はいつかまたその地を訪れ，小学校時代の友だちと再会することを夢見ていた。メディアリテラシーに関する授業だったため，彼は自分の研究課題をその夢の実現に決めた。いざGoogle Mapを使ってみると，いとも簡単に当時暮らしていた家が見つかった。ストリートビューを使って周辺を「歩き回る」と，薄れつつあった記憶が次第に呼び起こされ，通っていた小学校や遊んでいた公園での経験がありありと思い出されたという。そればかりでなく，当時の友人とメールで連絡を取り合い，Skypeのビデオ通話で会話までしてしまった。夢と思っていたことがあっさりと実現してしまったことを，新鮮な驚きとともにレポートしてくれたことを覚えている。

　このように，ここ10年あまりの間に，実際にその土地に赴かなければ得られない情報はどんどん少なくなり，地理的な距離も体感的に縮まっているといえる。

　では，もう実際に現地を訪れる意味はないのだろうか。現在の便利な情報社会が実現する以前は，実際に移動することの意味は次第に薄らいでいくはずだと考えられていた。技術の進歩によって，苦労して移動することなく便利に暮らせるようになるし，旅行せずとも現地を体験できるようになる。そのとき，旅行することにどんな意味が残るだろうか。1980年代，フランスの思想家J.ボードリヤールは，現実世界に先立って情報が経験され，記号的な経験だけが再生産されていくシミュラークルな社会の到来を予言していた[2]。

　ところが，現実に私たちの目の前に起きていることは，これとは正反対の現象だといえないだろうか。2017年の流行語にもなった「インスタ映え」という

言葉が典型だが，あらゆる情報がその場で手に入れられる社会になり，SNSによる経験や関係性の可視化が進むことで，逆にその場に行くことの価値が高まってしまったのである。いまや世界中ありとあらゆる場所の珍しい景観は，インターネット上の何百枚もの写真を通して視覚的に体験することができる。しかし，居ながらにして体験できるのであれば，もはや現地に行く必要はなくなったかというと，そうではなかった。逆に価値がなくなったのは，インターネット上の仮想体験のほうであった。どれだけ現実に近い体験ができたとしても，それらはすべての人が体験できる。それゆえ，かえって「本当にそこへ行った」という証拠としてのInstagramへの投稿こそが価値を持つようになったのである。情報社会の進展によって，現実世界が情報に代替されることが予測されていたのだが，現実には体験価値が重要になるという逆転現象が起きたのである。

　人と人とがフェイス・トゥ・フェイスで会うという行為についても，同じような価値の転倒が起きている。いまや，スマートフォンさえあれば，いつでもビデオチャットができる時代である。大半の会議はZoomなどのビデオ会議システムで済ませることが可能だ。そうした環境が整えば，実際に出向いて人に会うという行為は無駄になりそうなものだが，しかし現実には，不要になるどころかかえって新たな価値が見出されるようになった。人に会うのは，単に情報を得たり，打ち合わせをしたりするという機能的な関係だけではない。たとえば，高齢者や青少年のサロンでは，場をともにすることが孤独をやわらげ，あたたかい人間関係によって心身が快復していくということが生じる。地域の多様な人が集まるコミュニティカフェや地域の居場所といった交流空間では，立場の違う者同士が互いの存在を認め，感情や思いを受け入れることで，新しい活動の意欲やアイディアが湧いてくるということも起こる。フェイス・トゥ・フェイスの関係性の場では，単に情報のやりとりだけが行われているのではなく，「ともにある」ということそのものが新しい価値を生んでいく。ある意味素朴な場の感覚だが，SNS時代だからこそ多くの人がその価値にあらためて気づき，賛同するようになったともいえるだろう。

　さらに，地域に開かれた場は，さまざまな予期せぬ出会いの場にもなり得る。合理的に設計された無駄のない機能的な都市空間やネット上のマッチングでは，

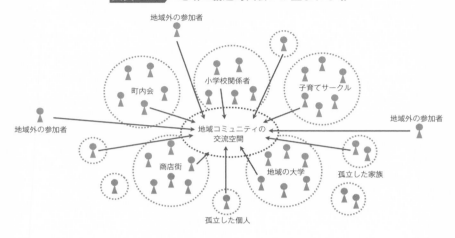

図表2−2 地域の創造的出会いが生まれる場

あらかじめ想定された最適な組み合わせは起こりえても，意想外の出会いは生じにくい。こうした機能的な仕組みは，関連するアクターがすべて特定されていたり，先行事例のあるビジネスモデルを踏襲したりする場合には効率がよいが，地域社会には，まだ発見されていない資源が数多く眠っているのが普通である。商店街や小学校などを核とした特定の人々の集まるコミュニティはあっても，分野や所属を超えた関係性が乏しく，せっかくの地域資源が分断されていることが多い。こうした状況のなか，地域に多様な人がアクセスできるような場が開かれることで，それまでつながっていなかった異分野の者同士が出会うきっかけが生まれる（**図表2−2**）。さらに，そうした資源の出会いは地域内にとどまらず，地域を越えても起こり得る。それが，相互の地域にメリットを生み出す現代的な地域間連携に発展することも少なくない。全国の多様なまちづくりの現場の実践者たちは，そうした予想外の出会いと，そこから生まれる大きなイノベーションを目撃し，地域に潜在する資源の大きさと，それが発掘され，つながっていく場の価値を目の当たりにしている。地域資源同士を接続するという役割は，2000年代以降に顕著な現象であり，情報社会が発展したからこそ注目されるようになった場への期待だといえよう。

1-3／コミュニティをつくる場

　情報環境が変わるにつれて，場の価値は大きく変質してきた。地域の視点か
らみると，もちろんSNSが現在のように普及する以前から，地域の交流空間は，
コミュニティの維持のために重要な役割を果たしてきた。伝統的な地域の共同
体のための場といえば，寄り合いのための集会所や寺社などがイメージされる。
都市部においては，井戸端や銭湯といったインフォーマルなコミュニケーショ
ン空間が都市空間に埋め込まれており，地域のつながりを保つ交流の場となっ
ていた。また，結や講といった互助の仕組みが日常生活を支え，祭礼などが共
同体の結束を高めるために機能してきた。

　公共政策を専門とする広井良典は，地域コミュニティの維持・発展のために
は交流空間が重要な役割を果たすとして，興味深い指摘をしている。広井は，
「地域における拠点的な意味をもち，人々が気軽に集まりそこで様々なコミュ
ニケーションや交流が生まれるような場所」を「コミュニティの中心」[3]と呼
び，地域コミュニティの形成と持続に不可欠だとしている。こうした機能はこ
れまで，神社・お寺などの宗教施設，学校など教育機関，市場や商店街，自然
関係，福祉・医療関係施設などが果たしてきたが，今後は以前にも増して地域
コミュニティの充実による福祉機能の強化が必要となるため，ますますその役
割への期待が高まるはずだという。広井の主張で興味深いのは，「コミュニ
ティの中心」が，地域内に閉じるのではなく，外部との交流の契機となること
によって，特定の地域の縁をつくり出す機能を果たしていたという点である。
たとえば宗教施設はこの世ではない彼岸や異世界との，学校は新しい知識との，
市場は他の共同体や文化との，自然関係は人間社会の外にある自然環境との，
福祉・医療関連施設は病や障害というある種の非日常性との接点であり，そう
した外部へ開かれた「窓」であることが，地域コミュニティの拠点として不可
欠だという。地域の人同士が出会う場であると同時に，地域外の資源と結びつ
くことによって新たな文化が生みだすのが，地域コミュニティの中心となる場
なのである。そうした空間は，現代の公民館やコミュニティセンターのように
必ずしも共同体の活動や交流のために機能的につくられた拠点ではなく，寺や
学校がその役を果たしていた。

コミュニティの場が，歴史的に見ても共同体内部だけに閉じた空間として
あったのではなく，そのコミュニティの外部に開かれていたという事実はあら
ためて示唆に富んでいる。本書で「人と地域がつながる場」として扱うのは，
伝統的な寄り合いの場というより現代的な交流空間であるが，内外に開かれて
いる空間が多い。その形は，コミュニティカフェやコワーキングスペースなど
多様な形態がとられるが，共通するのは，これまでつながりのなかった人々が
出会い，地域内外のさまざまな資源がつながり，参加者同士の相互作用のなか
から新たな活動が生まれていくという点である。そこには，その地で生まれ，
ずっと生活していく人々もいれば，それまで地域に関わる機会のなかった住民
や移住者なども参加できる。年齢や立場も多様で，流動性の高いコミュニティ
に開かれた場である。現代社会では，こうしたゆるやかにつながりと活動を創
出する交流空間が増えており，これからのコミュニティのニーズを投影してい
るといえる。それゆえ，その地域の実情に合わせて，人と地域がつながる場を
うまくマネジメントしていくことが，コミュニティづくりの重要なポイントと
なるのである。

1-4／本章で扱う地域の交流空間の定義

こうした交流空間は，全国に多様な形で点在する。その形態は，デイサービ
スや福祉作業所といった，専門サービスに基づいてさまざまな水準のケアをコ
ミュニティに開いていく地域の居場所から，カフェやバー，食堂など，飲食店
という形態をベースに利用客のサードプレイスとして地域の交流機会になって
いるカフェ的空間，またシェアオフィスや研究室の発展形として多様な人が利
用しコラボレーションすることをコンセプトとしたコワーキングスペースまで
多種多様である。運営母体も公共から民間まで多様な共の空間が存在する。

日本建築学会編『まちの居場所 まちの居場所をみつける／つくる』では，
高齢福祉施設や若者の居場所のほか，団地の集会室や公園といったさらに幅広
い交流空間の事例を含め，多くの事例のなかから，「まちの居場所」の11の特
徴を次のとおり挙げている[4]。①訪れやすいこと，②多様な過ごし方ができる
こと，③多機能であること，④多様な人の多様な活動に触れられること，⑤自
分らしく居られること，⑥社会的関係がつくり出されること，⑦参加できる場

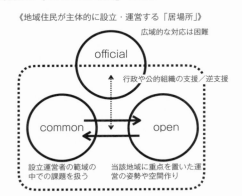

図表2－3 従来の公共施設と「まちの居場所」の違い

出所：日本建築学会編『まちの居場所—まちの居場所をみつける/つくる』をもとに筆者作成。

があること，⑧キーパーソンがいること，⑨柔軟であること，⑩地域との接点がもたらされること，⑪物語が蓄積されていること，である。

　また，従来の公共施設が一定の公共サービスを平等に分配する「official」な性格を基礎としているのに対して，まちの居場所は，地域住民が主体的に設立し自分たちが必要とする公共の場を運営者が自らつくり出すという性格の違いがあるという。居場所は，広域的なサービス提供は行わないかわりに，自分たちに共通する関心や課題（「common」）の領域で，利用の仕方や運営方法の柔軟さ（「open」）が確保されている場ということである（**図表2－3**）。完全に私的でも公的でもなく，ゆるやかな運営がなされており，それが地域の活動や土地の文化に結びついているような場所が，従来の施設計画では実現しにくい草の根の市民活動によって実現されている現象として位置づけられている。

　こうした議論を踏まえて，ここでは「人と地域がつながる場」を，対象や提供サービスの非限定性・柔軟性，そこに集った人によってつくられる共同性，また新しい社会や地域をつくっていく創造性を本質的な特徴であると考え，以下のような特徴を持つ交流空間と定義する。すなわち，①さまざまな人が気軽に出入りし自由に交流できる小規模・多機能な空間的装置であり，②そこでは，多様な人々との出会いや関わり合いを通じて，心身の健康や自分らしい生き方，地域とのつながりが得られる。③さらに，そこでの相互作用から新しい活動が

生み出されていく社会的創発[5]の場である。換言すれば，つながりや活動を創発する地域の「協働プラットフォーム」（第3節参照）となっている拠点ということができる。

COLUMN **ソーシャルキャピタル（社会関係資本）**

ソーシャルキャピタル（Social Capital，社会関係資本）とは，関係する人々や組織が協調して行動できるようになればなるほど社会的効率性が高まることから，地域や組織の人間関係の質と量を社会の財産（＝資本）と考える概念。地域の資源といえば，かつては「ヒト」，「モノ」，「カネ」といわれていたが，その後「情報」が加わり，今では「関係」，すなわち社会関係資本の量が地域の力を左右すると一般的にも考えられるようになった。1993年，アメリカの政治学者R.パットナムが，イタリアの民主政府の制度パフォーマンスと市民共同体の成熟度の相関を証明したことで，一般に使用されるようになる。パットナムによれば，社会関係資本の重要な要素は，ネットワーク，社会的信頼，互酬性の規範である。「地域に多くの知り合いがいて（ネットワーク），信頼し合える関係があり（社会的信頼），自分の利益だけではなく助け合う行動（互酬性の規範）がある」地域のほうが，それらに乏しい地域よりも地域の力があるといえる。たとえば災害に見舞われた地域の復興を想像すると，個人や組織の多様なネットワークが充実していて，顔見知りでない人も信頼することができ，立場や利害関係を異にしていたとしても力を合わせて行動できるような地域のほうが，そうでない地域よりも早く的確に復興を実現できるだろう。

ソーシャルキャピタルという言葉は，もともとJ.デューイらによって教育の分野で用いられていた。本人の能力や努力以外に，親の教育程度や社交関係といったつながりの豊かさが，子どもの成長に大きく影響するという見方である。その後，本人の才覚以外の文化的経済的資本が社会的地位の再生産につながることを示したP.ブルデュー，人それぞれが持つ資源以外のつながりが社会的価値を生み出すというJ.コールマンら，それぞれの文脈でソーシャルキャピタルという言葉を用いている。コミュニティの活動を分析する上で社会関係資本という概念は有用だが，「つながりがあればうまくいく」という安易な結論づけに陥らないよう，この概念の成り立ちを充分に理解して用いることが必要だ。

2／人と地域がつながる場の歴史と可能性

2-1／交流空間の変遷

　多様な形態の交流空間は，2000年代以降に増加しているといえるが，地域コミュニティの持続的な運営のために機能する地域の集会・交流拠点は，もちろんそれ以前からあった。会所，ムラヤ，茶堂，若者宿などといった形で，近世以前からさまざまな形で存在してきたのである。明治以降は，そうした集会施設の再編をともないながら，さらに多様な施設が生まれ，各地で広がっていった。欧米のクラブを模倣した倶楽部建築，地方改良運動のなかで広まった農村公会堂，地域青年会の活動場所としての青年集会所，増加する都市問題の解消のために整備された市民館・隣保館，昭和初期の経済更生運動の一環である全村学校や塾風教育などである。各集落の自治のために地域ごとに必要に応じて確保されていた地域の交流・集会拠点が，近代国家としての統合の流れや近代化にともなうさまざまな社会問題への対応のなかで徐々にトップダウンの政策に代替されてきたのである。

　戦後に整備された地域集会施設の代表的なものに，公民館がある。公民館は，戦後民主主義の復活と定着に向けた公民教育の必要性から生まれた。文部省社会教育局公民教育課長であった寺中作雄の発案によって1946年から整備が始まり，住民が文化的教養を身につけ主体的に地域を運営していく拠点となることが想定された。1949年に制定された社会教育法のなかに位置づけられ，市町村が設置することが明記された。地域のニーズに合わせて多様な形態が許されており，1958年には88％の市町村に公民館が設置され，3万4,650館にのぼるようになった。

　全国的にさらに都市化の進んだ1960〜70年代になると，国民生活審議会による答申（1969）などを経て，各自治体の条例に根拠づけられたコミュニティセンターが設置されるようになり，公民館像の見直しが起こる。1974年に提唱された「三多摩テーゼ」によれば，公民館の役割は，自由なたまり場，集団活動の拠点，「私の大学」，文化創造のひろばの4つであり，社会教育機能に加えて

「たまり場」，「活動拠点」としての役割が強調されることになる。また現在では，地域福祉センターや市民活動支援センターといった新しい機能を持つ地域コミュニティ拠点も増加しており，公民館の使命や運営，地域のなかでの役割分担は時代とともに変化し，現在も試行錯誤が続いているといってよい。

　公民館において，当初の社会教育機能よりもコミュニティ機能が求められるようになってきた背景には，高度経済成長期を通じた個人主義化，合理主義化の流れのなかで，地域の交流を生み出す場が少なくなってきたこと，地方分権と財政の逼迫が進むなか地域自治のための組織や担い手が必要とされてきたということが挙げられる。コミュニティ政策の観点からの必要である。1970年代から積極的に推し進められた政府主導のコミュニティ政策は，コミュニティ街区の整備，コミュニティセンターの設置，住民団体の設立という「3点セット」で推進され，これによって全国の地域自治という面でのコミュニティ機能の一定の底上げに寄与したといえる。しかし，それから30年あまりが経った2000年代以降になると，地域のコミュニティセンターに変わって，草の根で立ち上げられる地域コミュニティの居場所が増加する。これは，新しい社会状況のなかで，官製のコミュニティスペースではカバーできないニーズが生じてきたことを示す現象だといえるだろう。

2-2／多様な場づくりの試み

　こうした変化を背景に，近年は各地で多様な場づくりの試みが行われるようになった。ここでは，1990年代から現代まで，各地で実践されてきた多様な地域の場の流れを概観する。

　先に指摘したように，本書で主に取り上げる場は，伝統的な場というより，新しい形態の場である。こうした場は，はじめから完成された形で開設されたのではなく，さまざまな試行錯誤を通じて次第に現在見られるような形態が醸成されてきた。コミュニティカフェやコワーキングスペースといった場は，2010年代以降は一般的になったが，これらの交流空間もさまざまな試行錯誤のなかから次第にできあがってきた文化的な産物である。地域のつながりが生まれる場を考察していく際には，施設形態を最初からあるものとして固定的に捉えるのではなく，系統発生的な流れを意識しながら理解する視点が重要である。

　こうした新しい場の源流は，1980年代中盤から1990年代初頭に始まったといってよい。高齢者福祉，青少年教育，アート，まちづくりなど異なる分野で，それぞれ別の文脈のなかで萌芽的な場づくりの取り組みが行われた。たとえば高齢者福祉の場では，民家を利用した認知症高齢者の居場所づくりの嚆矢となる「宅老所よりあい」が福岡市内の寺社で始まったのが1991年[6]。まだ介護保険制度が始まる以前である。また，登校拒否の児童が集まり交流する学校外の場として「東京シューレ」が開設されたのは，1985年である[7]。開設当時は，東京都北区東十条の元学習塾だった部屋を借り受けて運営されていた。これらは，草の根で活動する市民たちが地域の細やかなニーズをすくい上げ，高齢者施設や学校といった既存の専門施設を補完するような場を開いていった先駆的な事例である。一方，まちづくり分野でも1989年，谷中や千駄木の景観や歴史的建築物保存を行う専門家グループが「谷中学校寄り合い処」を開き，情報発信やワークショップなどを行った。これらとはやや異なるアプローチで，人々が集い語らうことを重視したカフェ的な場の源流として重要なのが，1993年に始まった「ウィークエンドカフェ」である。京都大学地塩寮に隣接する洋館で２週間に一度オールナイトで開かれた非営利・手作りのカフェだった[8]。飲食や営利ではなく，交流を主目的とする場としてのカフェの可能性を提示し，2000年代以降の場づくりに与えた影響は少なくない。

　1980～90年代の萌芽期は，まだそれぞれの分野ごとの個別の動きであって，地域のなかの場の意味が領域横断的に共有されていたとはいえない。形態についても，専門施設の発展形やカフェ的空間をどうつくるかといったさまざまな試行錯誤があった。

　2000年代になると，各領域での実験的な場づくりが増えていく。中間支援，地域福祉，地域活性化というジャンルごとの展開については**2-3項**以降で詳細に紹介するが，ここでは，2000年代における場づくりの試行錯誤の一例を，筆者らの取り組みを通じて簡単に紹介しよう。

　筆者自身の場づくりの取り組みの発端は，2002年に墨田区京島で行った「京島編集室」というプロジェクトであった。木造密集市街地の空き家を使ったその名も「アーティスト・イン・空き家」という事業のなかで，空き店舗となっていた元米店に学生４人が２カ月間住み込み，そこを偶発的に多様な人が居合

わせる空間として開いていく試みである。この頃，空き家の活用事例は少しず
つ注目されていたが，特定の目的を持たないオープンスペースの前例はほとん
どなく，前述の「ウィークエンドカフェ」などを参考にした手探りのプロジェ
クトであった。その後，2006年には「三田の家」をオープンさせる。当時助手
として働いていた慶應義塾大学三田キャンパスにほど近い民家を借り受けて，
教員・学生有志が地元商店街の協力を得て自分たちで改装し，共同運営してい
た場である[9]。数名の教員が「日替わりマスター」として曜日ごとに代わる代
わる担当し，授業やワークショップが行われたり，打ち合わせや食事会などが
行われたり，大学内外の多様な人の出入りする場となった。

　後に明らかになるのだが，三田の家ができた2006年前後，他の大学でも同様
の学外拠点が実験的に開設されていた。熊本大学の「まちなか工房」（2005年），
大正大学「大正さろん」（2005年），同志社大学「江湖館」（2006年），宇都宮大
学「ソノヨコ」（2006年）などである。学部や研究科主導の事業もあれば教員
が個人的に進めるものもあり，形態も飲食店形式から活動拠点タイプまでさま
ざまである。重要なのは，教室やオフィスという制度的で合目的的な空間とは
質的に異なる場を大学外に生み出すことで，新しい知や学びが生まれるのでは
ないかというセレンディピティともいえる感覚が，この時代の大学教員に共有
されていたということだ。

　その後，三田の家から派生した事業として，2008年に港区芝地区総合支所と
慶應義塾大学の連携で始まった「芝の家」がある。地域のつながりを取り戻す
コミュニティ形成事業の拠点として設置された場である。通りに面して縁側が

図表 2 − 5　人と地域がつながる場の系譜

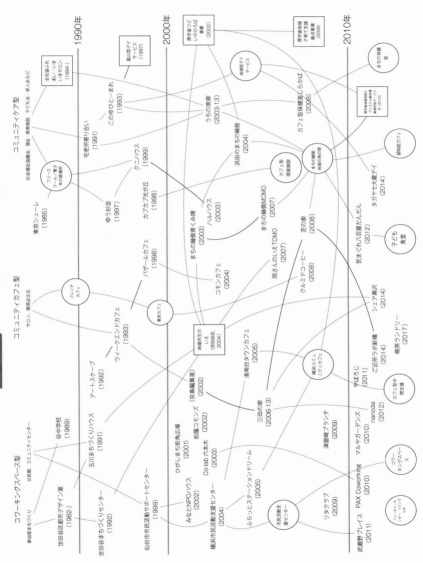

あり，ソファやちゃぶ台，喫茶コーナーなどが設置された，誰でもいたいようにいられる居場所的な空間である。地域の赤ちゃんからお年寄りまでさまざまな人が訪れ，賑わう場となっていたが，このころになると次第に，さまざまな領域で同じような場づくりの活動が行われているという情報が共有されるようになってきた。福祉分野では高齢者のサロンや就労支援に替わる場として「ふれあいの居場所」や「コミュニティカフェ」というキーワードが使われるようになり，市民協働支援の分野でも，「コミュニティカフェ」や「まちの居場所」など従来の市民活動センターなどに替わる現象として取り上げられるようになる。

　2000年代のさまざまな実験的な活動の蓄積を踏まえて，2010年代になると，こうした新しいタイプの小規模多機能の交流拠点が一般化してくる。2010年には世田谷区経堂に，東京初となる「パックスコワーキング」が開設され[10]，カフェ的な場だけではなく，コワーキングという形態の空間も広まっていく。こうした多様な人が集まり，交流したりワークしたりする場が，まちづくりから福祉まで広い分野で，コミュニティの力を育み生かしていくための１つの手法として定着していくことになる。もちろん，経営や運営手法などまだまだ定式化されていない課題は多いが，地域活性化でも市民協働でも，また地域の高齢者福祉でも子育て支援でも，コミュニティに関わる社会課題に取り組む際に，関係する人々がゆるやかに集まれる場を設定することの有効性について，多くの人に認識されるようになった。これが，2010年代の後半に特有の状況であるといってよい。

　こうした活動の増加は，先に触れたように，公的サービスでは埋められないニーズを市民の手でつくり上げようという動きである。**図表２－５**は，1990年前後から2010年代にかけての地域の交流空間の動向に影響を与えたと考えられる事例を時系列にあげたものである。拠点の形態として，後述するように，コミュニティカフェ型，コミュニティケア型，コワーキングスペース型の３つの類型に分けている。ここでは必ずしも包括的にすべての事例を取り上げてはいないが，最近30年ほどの大きな流れについては整理できると考えられる。

2-3／交流空間の主な類型

　多様なあり方が想定される地域の交流空間だが，代表的な類型に分けることで，交流空間のバリエーションの全体像を俯瞰的に把握することはできないだろうか。

　参考になる研究として，田所承己（2014）は，関東に立地するコミュニティカフェ111件に対する調査から，そのタイプ（活動分野）が，子育て支援，高齢者の交流・福祉，コミュニティスペース，まちづくり，ギャラリーカフェ，若者・子どもの居場所，障がい者福祉，スローカフェ，その他の順に多いとしている[11]。この分類は，コミュニティカフェの実態をよく表しているものの，対象者，活動テーマ，運営形態といった区分の仕方が混在しており，交流拠点の全体を把握するには適切とはいえない。また，近年増えているコワーキングスペース的な場が含まれていないことも問題である。

　そもそも，地域の交流空間が多種多様な形態をとることになったのは，複数の領域の活動から発展してきたという成り立ちに原因がある。もともと地域福祉の分野で高齢者や障害者の支援から始まった活動は，専門の施設を補完する形でコミュニティに担われてきたという流れがあり，まちづくりや市民活動支援の文脈では，活動拠点を提供する公共施設の整備から始まり，次第に登録団体向けの活動スペースだけではなく，交流のための空間やコミュニティ形成そのものの重要性が見直されてきたという発展の経緯もある。こうした立脚点の違いをもう一度検証すると，地域の交流空間が果たす役割には，心身の健康の維持・促進（主に福祉分野の命題），地域活動の促進や課題解決（主にまちづくり分野の命題）という機能的な役割がベースとしてあり，そこにつながりの形成（コミュニティ分野の命題）という役割が加わってきた。それによって，もとは異なる分野の活動だったにもかかわらず，空間に求められる機能の分野を超えた構造的類似性が明らかになり，個別分野ごとに行われてきた取り組みの水脈が合流し，大きな流れが生まれてきたという見取り図が描ける。

　言い方を変えると，場における交流が，単なる親睦ではなく，新しい活動創出やケアにつながるということが，社会的に認知されたということでもある。場があることで，人と人とのあたたかいつながりが心身の健康や生きがいにつ

図表2－6 つながり，健康，地域活動　交流空間の3機能

ながり，新たな関係性が生まれることでこれまでになかった地域活動や課題解決につながる。活動をすることでさらに生きがいが生まれ，つながりが広がる。そして，地域の関係性が十分にあることが，見守りのある安心な暮らしを生み出し，高齢者や若者の社会参加の機会が得やすくなる。こうした，つながり，健康，地域活動が連関する生態学的なシステムが，地域の場の本質的な機能であるといってよい（**図表2－6**）。

　このような前提で，もう一度多様な交流空間を見直してみよう。つながり形成，地域活動，心身の健康というすべての機能が均等にある施設は少ない。いずれも，福祉やまちづくりなどの背景があり，いずれかの機能に重点が置かれている。しかし，中心ではない機能であっても補助的に主たる目的を果たすために機能していることがほとんどである。そして主たる機能を果たすために，施設形態がカフェ的な場になったり，専門施設をベースとしていたり，コワーキング型の活動拠点になったりしている。とはいえ繰り返しになるが，どれかに特化しているのではなく，カフェだが活動支援を行っていたり，ケアのサービスに多様な地域住民が参加していたりという現状があり，交流空間が一見非常に複雑で類型化しにくい要因になっている。

　こうした視点から，ここでは交流空間の主たる機能ごとに3つに区分し，①コミュニティカフェ型拠点，②コミュニティケア型拠点，③コワーキングス

図表2－7　3つの機能による交流空間の類型

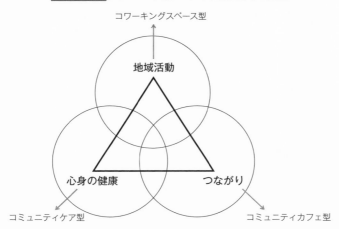

ペース型拠点として類型化する（**図表2－7**）。

コミュニティカフェ型拠点は，交流やつながり形成を目的とする空間で，地域の伝統的な集会施設を別とすれば新しいタイプである。

コミュニティケア型拠点と呼ぶのは，地域福祉を背景として高齢者・若者・子ども・障害者・子育て支援をそもそものテーマとする拠点である。サロンや子育てひろば，デイサービス的な場もあれば，認知症カフェやコミュニティのなかでの就労支援を行う場もある。

コワーキング型拠点とは，まちづくりや社会変革など新しい活動を生み出す拠点で，市民活動支援センターなどの流れを汲みつつ，新しいワークスタイルに対応した場となっている。以下の節では，この3つの流れごとにその代表的な事例を紹介するとともに，その背景となる歴史的な変遷をたどる。

2-4／コミュニティカフェ型拠点の代表例と変遷

まずコミュニティカフェ型拠点について見ていこう。「カフェ」と命名しているが，地域の交流を主たる目的とする場で，商業目的よりもコミュニケーションや活動を重視した飲食店，自宅や公共スペースをサロン的に開放するような形態をとる。**2-1**項で概説した公民館からコミュニティセンターの整備と

いう流れの中から派生した中間支援機能を持つカフェも多い。交流については，子育て層や高齢者といった特定の世代に特化するのではなく，地域の多世代の住民に開かれた関係性を志向する場である。

　飲食店の形態をとっていない交流を主目的にしたコミュニティスペースの具体的な事例としては，港区と慶應義塾大学の協働によって運営される地域の居場所「芝の家」（東京都港区），自宅の離れを開放して地域の人々の多様な活動拠点として運営されている「シェア奥沢」（東京都世田谷区），子どもから高齢者まで多様な地域交流の場として町内会や社会福祉協議会が連携して運営する「こまじいのうち」（東京都文京区）などがある。地方では，商店街の空き店舗を市役所職員の山田崇さんらが借り上げ，さまざまな活動を行う「nanoda」（長野県塩尻市）などもある。

　また，飲食店の形態をとる事例として，「クルミドコーヒー」（東京都国分寺市）は，広くコミュニティに開かれ地域のつながりや活動を生み出す拠点としてのカフェの代表例である。また東京都世田谷区経堂にある「さばのゆ」も，地元のさまざまな業種の住民の出会う場になっており，ここからコミュニティの生まれるとともにさまざまなクリエイティブな取り組みにつながっている。2000年ごろから増加する東京カフェブームや古民家を利用したカフェの広がりも，背景にある。この類型には，全国の町まちに多く存在しているカフェやバーなど地元のコミュニティ形成の核になっている場も含まれる。

　まちづくりや市民活動支援の流れのなかで設立された拠点として，代表例としては「港南台タウンカフェ」（横浜市港南区），「ほっとカフェ中川」（横浜市都筑区）などがある。後述するように，中間支援機能をうまく引き出すためにカフェという形態が選択されたパターンであり，横浜には中間支援機能を持つカフェが多く存在する。

　また，直接的にコミュニティ形成を目的にした拠点ではないが，新しい中心市街地活性化の取り組みのなかで，従来は駐車場になってしまう空き地に芝生を敷き詰め，コンテナを設置した「わいわいコンテナ」（佐賀県佐賀市）もある種の交流空間といえる。商業やサービス提供ではなく，ただ人がいられる空間をつくったことによって，まちの賑わいが再生したという事例である。

　こうしたコミュニティカフェ型の拠点が生まれるようになった背景には，1

図表2－8　港南台タウンカフェ（神奈川県横浜市：左），こまじいのうち（東京都文京区：右）

つには公民館，市民活動支援センター，まちづくりや市民活動支援の分野の流れがある。1990年代以降，地方分権や市民協働の流れを背景に，それまでは登録団体に対する会議室や教室の貸し出しを主としていた公民館やコミュニティセンターなどで，より活動支援や交流の要素が求められるようになり，ミーティングスペースやロビースペースの充実が進められた。公設民営で運営される「仙台市市民活動サポートセンター」などが代表例であり，市民活動の場としてのコミュニティカフェにつながる動きとなっていく。

　また，「玉川まちづくりハウス」（東京都世田谷区）や「谷中学校寄り合い処」（東京都台東区）など，まちづくりや建築の専門家が拠点を構えて活動を行うような事例も生まれる。これは直接にはコワーキング型の源流といえるのだが，中間支援のための場を民設民営で行っていこうという流れにもつながる動きであるといえるだろう。このほか，京都を拠点に世界的に活躍していたダムタイプが，HIV問題の啓発活動を行ったことから，市民活動の場としての「バザールカフェ」が生まれる。カフェという形態を利用し，市民活動や地域づくりにつなげる萌芽的動きの1つとなった。

　こうしたなかから，横浜では市民活動の場としてのコミュニティカフェという形がある程度根づいているといえる。世田谷区では，個人の所有する建物を地域交流の拠点として開放する支援事業を行う「地域共生のいえ」事業が行われており，前述の「シェア奥沢」をはじめとして，20軒以上の個性的なコミュニティ拠点が運営されている。

2-5／コミュニティケア型の代表例と変遷

　地域福祉の場も多様な事例がある。高齢者の交流空間は，社会福祉協議会のふれあい・いきいきサロン事業として行われるサロンが盛んである。常設型の代表例として，デイサービスを地域に開いて運営している「地域の寄り合い所また明日」（東京都小金井市），健康な食を提供するレストラン型の居場所「福祉亭」（東京都多摩市）といった拠点がある。子育て支援の場は，親子で集える民設民営の居場所として，たとえば，代表的な事例としてせたがや子育てネットが運営する「コミュニティカフェぷりっじ」（東京都世田谷区）などがあるほか，一時預かりなども含む公設の多様な子育て支援施設が含まれている。厚生労働省の支援で地域子育て支援拠点事業として実施される子育てひろばも多い。「タガヤセ大蔵」（東京都世田谷区）は，木賃アパートを転用したデイサービスという特徴的な取り組みで，オープンなカフェスペースを併設していることから，近隣住民コミュニティが生まれる拠点ともなっている。障害者支援の場として団地内の喫茶店を運営する「地域作業所カプカプ」（横浜市旭区）も特徴ある事例である。

　障害者や若者の就労支援型の場は，カフェという形態が利用者との交流や就業体験にマッチしていることから，多くの事例がある。必ずしもその場でのつながりづくりが主たる目的ではないが，コミュニティカフェという名称で呼ばれている拠点も多い。

　こうした福祉的な場は，1990年以前から90年代にかけて，青少年支援，高齢者福祉の領域で萌芽的な取り組みが始まった。青少年分野では，子どもの急増や受験戦争の加熱などを背景に，校内暴力やいじめの問題が深刻化し登校拒否児童の問題が顕在化し始めた80年代中頃から，フリースクールや子どもの居場所づくりが始まった。学校教育制度では解消できない子どもたちの居場所づくりを，父母や地域が中心になって進めてきた取り組みである。その草分け的存在である「東京シューレ」のスタートは，1985年である。公共施設のなかにも，中高校生と一緒に計画し運営する児童青少年センター「ゆう杉並」が90年代半ばに設立される。「ゆう杉並」は，中高生の意見を取り入れた運営や自由な交流の場であるロビースペースを持つことが特徴で，利用する人がつくるという

図表2−9　うちの実家（新潟県新潟市：左），タガヤセ大蔵（東京都世田谷区：右）

自主性と自由な居場所という要素を持つ施設である。地域の中での居場所な場としては，1999年に名古屋市で開設された「まちの縁側クニハウス」やその後京都市で始まった「まちの学び舎ハルハウス」が代表的な事例といえる。

　高齢者分野では，90年代に全国社会福祉協議会がふれあい・いきいきサロンを提唱，高齢者の居場所やいきがいづくりを推進してきた。また，福岡市では，認知症の高齢者を地域で支える「宅老所よりあい」が，富山市では，民家を利用したデイケアハウス「このゆびとーまれ」が90年代前半にスタートし，その後の高齢者を対象とした地域コミュニティの居場所のモデルケースとなっていく。2003年に開所した「うちの実家」（新潟県新潟市）は，地域の茶の間と呼ばれる常設型の居場所の嚆矢として，主に高齢者のサロンづくりの大きな潮流を生み出すきっかけとなった。

2-6／コワーキングスペース型拠点の代表例と変遷

　コワーキングスペース型の拠点は，地域活性化や社会変革など新しい活動を生み出すことを目的とした拠点である。地方創生の分野で近年多く設置されるようになってきた。「神山バレー・サテライトオフィス・コンプレックス」（徳島県神山町）は，元縫製工場をコワーキングスペースに改修した場で，移住者やサテライトオフィスで働く人たちが新たなビジネスを生み出すことを目的としている。この場があることで，町内のクリエイティブな仕事を持つ人が交流したり，県庁や県外の企業が訪れる機会が生まれたりと町内外の人材や情報の

交流が起きる。横浜市関内にある「mass×mass 関内フューチャーセンター」
は，都市部のコワーキングスペースではあるが，地域活性化に向けた活動や創
業支援を目的に運営されている。ここも，新しいコミュニティが生まれる交流
空間である。これらより小さい規模でも，こうした地域の活動創出を目的にし
た場は，「マチノシゴトバCOTOCO215」（佐賀県佐賀市），「前橋まちなか研究
室」（群馬県前橋市），「ご近所ラボ新橋」（東京都港区）など，コワーキングス
ペースやカフェ，イベントスペースをベースにしたものまで多様な形態が各地
で広がっている。

　他に特徴的な事例としては，3Dプリンタやレーザーカッターなど個人がも
のづくりに取り組めるような設備を設置し，自分たちの手で暮らしを作り変え
ていく「ファブラボ鎌倉」（神奈川県鎌倉市），ソーシャルイノベーションのた
めの起業や活動のためのワークスペース「Hub Kyoto」（京都市上京区）と
いった場があり，これらは世界的なネットワークとローカルなコミュニティを
結びつける独特の拠点でもある。

　コワーキングスペース型が増加してきた背景には，コミュニティセンターや
市民活動支援センターのロビー型のワークスペースが一般化してきたことや，
情報通信技術の発展を背景にテレワーキングが一般的になり，オフィスのフ
リーアドレス化が進むなど，働き方の変化が関係していると考えられる。前述
の「玉川まちづくりハウス」，「谷中学校寄り合い処」など専門家によるまちづ
くり拠点を，その先行例の1つとして位置付けてもよいだろう。そして，2000

図表 2−10　神山バレー・サテライトオフィス・コンプレックス（徳島県神山町：左），
　　　　　　マチノシゴトバCOTOCO215（佐賀県佐賀市：右）

年代になるとシェアオフィスが一般的になり，なかでも，単にデスクやワークルームの賃貸だけでなく，そこで働く人同士を創造的に結びつけ，新しい仕事を生み出していくことまでも視野に入れた「コワーキング」という考え方が広がってきた。クリエイターを意図的に集めた「co-lab六本木」などがその嚆矢であり，その後，都内初のコワーキングスペースを謳う「パックスコワーキング」を先駆的事例に，こうした場が増加していった。当初はビジネスを主たる目的とする場から始まったコワーキングスペースの流れだが，次第にその手法が地域活性化やまちづくり分野へと応用されていった。特定のビジネスコミュニティから地域の新しい価値創出やイノベーションを生み出すようなコワーキングスペースという施設タイプが全国へ広がり，地方創生の流れと相まって各地で展開されてきた。

　ここでは便宜的に，つながりを重視したコミュニティカフェ型拠点，心身の健康のためのコミュニティケア型拠点，地域活動の創出を志向するコワーキングスペース型拠点と類型したが，事例を見ればわかるとおり，実態はそれぞれの機能が組み合わされ，多様な施設タイプやビジネスモデルで運用されている。

3／場をめぐる理論

3-1／インフォーマルな「共」の場所

　前節ではさまざまなタイプの交流空間を，コミュニティカフェ型，コミュニティケア型，コワーキングスペース型に分類して紹介した。ここでは，人と地域がつながる交流空間を考察するための理論的な枠組みをいくつか紹介しよう。こうしたフレームワークを知っておくことは，場を分析するだけではなく，新たに構想する際にも有益なはずである。

　まず，地域の交流空間を，その他の一般的な空間と区別し，社会的に特徴付ける概念として「サードプレイス」は有用である[12]。アメリカの社会学者R.オルデンバーグが提唱した概念で，都市における「インフォーマルな公共の集会所」（informal public gathering place）を指す。R.オルデンバーグによれば都市生活を豊かにするためには，家庭（第1の場所）と職場（第2の場所）の往

復だけではなく，第3の場所（サードプレイス）が必要だ。この第3の場所では，近隣に住む見知らぬ人同士が楽しく交流することができ，そうした日常の関係性が地域社会を活気づけるという（サードプレイスの特徴についてはコラムP.59を参照）。背景には，車社会が発展したアメリカでは，家族だけで完結したプライベートと競争社会の職場の往復だけの生活になりがちで，それが個人の孤独を深刻化しているという問題意識がある。ところが，ヨーロッパの都市に目を移してみると，住まいの近隣にはカフェやバーなど地域住民が気軽に挨拶をしたり，一緒に飲み語り合ったりする場がそこかしこにある。シアトル発祥のスターバックスコーヒーが，美味しいコーヒーの提供ではなく，サードプレイスという時間と空間の提供をコンセプトとしてヒットしたのは有名な逸話である。オルデンバーグの指摘の重要な点は，そうした交流の場は必ずしも交流のためにわざわざつくられた場ではなく，街角のカフェやバー，タバコ屋や美容院といった個人商店が住民の交流機能を果たしているということ，そして，パーソナルネットワークは抽象的なものではなく，実際の空間があってこそ構築・維持できるという気づきである。

　「インフォーマルな公共の集会所」という定義で，サードプレイスが「インフォーマル・パブリック」な「集会の場」と位置付けられていることは重要だ。プライベートでもなく，フォーマルなパブリックでもない場というのは，地域の交流空間の鍵となる特徴である。立場の異なる人たちが垣根を越えてつながるには，制度的に生み出されるフォーマルな場でも，身内や知り合いだけが集まるプライベート場でもなく，その中間的な場であることが重要なのである。ゆるやかでインフォーマルだが，見ず知らずの人にもオープンであり，そして，なにより1人ひとりが尊重される場でなければならない。

　また少し違った見方になるが，地域社会全体を公・共・私という区分で捉え，そのなかでインフォーマルな公共を考察することもできる。地域は，基礎自治体などの行政や公共サービスを提供する施設など「公」の組織から，1人ひとりの家庭や暮らしという「私」の領域まで，多層的な人々のつながりで構成されている（**図表2－11**）。この公（public）と私（private）の領域の間には，「共」（common）の領域がある。地域でいうと，町内会や商店街といった地縁団体をイメージするとわかりやすい。さらにこの共の領域には，いまあげた町

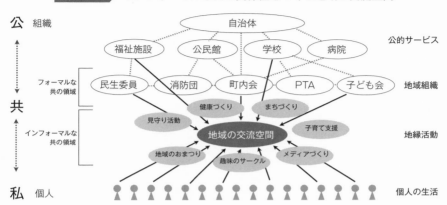

図表2−11　インフォーマルな共の関係性をつくる地域の交流空間

内会やPTAなどのフォーマルな（公式的な）共の団体もあれば，特に組織化されていない近所づきあいや助け合いといったインフォーマルな共の活動がある。このインフォーマルな共の関係性が生まれる領域が，オルデンバーグのいうインフォーマル・パブリックとちょうど重なるといってよい。

　こうした公・共・私という水準から成り立つ地域社会という枠組みで考えてみると，たとえば第4節で紹介する「芝の家」という地域の交流空間は，近隣のさまざまな年齢の住民や在勤者，地域の商店主や町内会の役員，周辺の施設の専門職など地域に暮らし働くさまざまな人が集まる場になっている。区役所職員がサービスとしてその場を提供しているというより，多様な人が集まり相互に関わり合うことによってその場が生み出されている。まさに，インフォーマルな共の関係を育くんでいく集会所＝サードプレイスであるといえる。

　さらにいえば，ここで生じているインフォーマルな共の関係性は，個人主義化が進み近隣の関係性が希薄な現代社会では非常に生み出しにくい関係であるといえる。芝の家の取り組みは，規模としては小さいものであるが，それを毎日継続することで，日々インフォーマルな共の関係性を増やし続けている。こうした見方をすると，芝の家は，都市部のソーシャルキャピタルの醸成装置として大きな役割を果たしているといえる。

　公でも私でもない中間的な場に集まる人同士の関係性は，さまざまな形を取

図表2−12 社会的関係性の許容性から見た場のタイプ

場の種類	Weの場	Theyの場	WeとTheyの場	Youの場
模式図	(We／I)	(They／I)	(They／We／I)	(They／You／I)
場の参加形態	私の個人的に親しい人の集まり	私の全く知らない他人同士の集まり	他人ばかりの中で個人的に親しい人で集まる	私と他人とをつなぐ媒介者がいる
関わりの規定性	場の中ではかなり密度の高い関係が要求される。関係が外に広がることはない。	場の中でのコミュニケーションが要求されない。個人個人はバラバラの存在。	Weの関係は内部だけで完結しており，Theyに広がっていくことはない。	Youを媒介とすることでTheyと間接的な関わりを持ち，場での関係が選択できる。

出所：橘（2005）をもとに筆者作成。

り得る。そして，場を共にする他者同士が，親密に関わるのか，一線を引いて距離を置くのかなど，どのような関係性にあるかによって，場の質が大きく左右されるのである。こうした集まる人の関係性の違いから場の質を分析したのが，橘らの社会的関係性の許容性から見た場のタイプ分類である[13]。これは，教育学者の佐伯胖（1995）による学びのドーナツ理論をベースとしている[14]。すなわち，自分自身Iの回りには，二人称のYouの関係が取り巻き，その顔の見えるYouの場を通して間接的に社会一般の関係Theyにつながっており，そこに段階的な学びが生じるという理論である。橘らはこれを援用して，Weの場，Theyの場，WeとTheyの場，Youの場の４つの類型を提示している。

　Weの場は，お互いによく知っている親しい人の集まりであり，基本的にクローズでプライベートな関係の場である。Theyの場は逆に，面識のない人たちだけのなかに私が存在しているという場で，たとえば都市のファストフード店にいる１人ひとりのように，互いにバラバラに存在しており関わり合うことのない関係性である。WeとTheyの場というのは，他人のなかに面識のある親しい人が数人いるという状況だが，知っている人同士で固まり，それ以上に関係性が広がらないという関係である。

　Youの場は，これまでの３つのタイプと異なり，それまで直接知らなかった

TheyにつなげてくれるYouの関係性がある場である。一人称の私や私たちと，三人称の彼らの間を，二人称の関係が媒介することで，すでに知っている関係性に閉じずに開かれた関係性を持つことができる。しかし，全体がWeになるわけではなく，そこでは選択的な関わりが可能となる。

　「芝の家」では，お当番スタッフや常連の参加者が，はじめての来場者をそれとなく気遣い，必要に応じて話し相手になったり，場にいる他の人を紹介したりといったことが自然に行われている。まさに，Youの場である。R.オルデンバーグがサードプレイスの特徴としてあげた1つに常連の存在があげられるが，初めての人をコミュニティに招き入れてくれたり，知らない人を紹介してくれたりという媒介的な役割を果たす人物や関係性が，Youの場を生み出すために重要なのである。こうした場では，初めて出会った人とも安心して関わりやすい。なぜそれが可能なのか，We・They・Youの場の関係性から分析すると，イメージしやすいのではないだろうか。

COLUMN　サードプレイスの8つの特徴

　オルデンバーグは，コミュニティのたまり場となっている場所には8つの特徴があるとしている。①中立の領域で（On Natural Ground）。私生活にはお互いに立ち入らないで済むような公共的で中立な場があることで，豊かで多様な交流が生まれる。②人を平等にする（The Third Place In a Leveler）。誰でも受け入れられ，世俗の身分から離れて関わることのできる「純粋な社交」の場。③会話が主な活動（Conversation is the Main Activity）。活発で，機知に富み，華やかで，魅力的なおしゃべりが，サードプレイスでの交流の喜び。④利用しやすさと便宜（Accessibility and Accommodation）。日常的に訪れやすいよう早朝や夜もオープンしていることが多く，しかも近場にある。⑤常連（The Regulars）。固定客を引き寄せるのは店のサービスではなく，その場を活気づける「常連」。新顔がなじみになるには，再訪し信頼を得なければならない。⑥目立たない存在（A Low Profile）。たいてい飾り気のない空間である。古い場所が当初の目的ではなく占拠されることが多い。質素さは，人の虚飾を取り除く。⑦その雰囲気には遊び心がある（The Mood Is Playful）。遊びの精神が何より重要。喜びや受容が，不安や疎外を制する。日常の規範から離れた遊びの場所。⑧もう1つのわが家（A Home Away from Home）。家ではないが家らしさがある。その場に根付く，所有感，元気を取り戻す，存在の自由，ぬくもり。

　日本のサードプレイス的な場にすべての特徴が当てはまるとは限らないが，コ

ミュニティの場をつくったり，それを分析したりする際に有用な視点である。

3-2／場における相互行為と参加者の変化

　続いて，地域の交流空間に参加する人と人との関係の変化や，それを通じてどのように参加者が意識や行動を変化させていくかという，人に焦点を当てた分析に目を移してみよう。地域の交流空間は，人間同士が関わり合う社会であり，それを体験する人にはそれぞれの気持ちや意思がある。

　場に集う人を見る視点の前提として，社会学には，方法論的個人主義と方法論的集団主義という対極的な2つの考え方がある。方法論的個人主義とは，1人ひとりの考えや行動の集積が社会をつくっていくという考え方である。特に他者との関わりのなかで行われる行為に注目し，そこからさまざまな社会現象を分析しようとする立場である。反対に，方法論的集団主義では，社会を単なる個人の集積以上のものと考える。社会は，1人ひとりの意思や他者との関わりとは異なる水準に存在する1つの有機体であり，それが，個人の考えに影響を与え，行動を規定しているという考え方である。

　本章の文脈でいえば，居場所やコミュニティカフェという固有の場（小さな社会秩序といってよいだろう）が，どのようにして生み出されるのだろうかという問いに相当する。人々が集まり交流し，新しい活動が次々に生み出されていく地域の交流空間が，そこに集まる1人ひとりの行動の結果として成り立っているのか，そうではなく逆に，まず個人を超えた場というものがあって，それがその場にふさわしい個人の行動を生んでいるのか，という問題である。

　結論からいえば，どちらかの見方だけが正しいということはない。個人の主観的経験のなかでの現実と，集団によって生み出される構造の両方があいまって，ある場が生まれている。2つの見方は，それをどちらの側から分析するかという視点の違いである。居場所やコミュニティカフェという場が1人ひとりの振る舞いを通じてどう成立しているのか，1人ひとりにとってどのような意味があるのかという興味・関心は個人主義の立場といえるし，そうした施設タイプを一種の社会構造として存在するものとして，さまざまな空間を比較したり，利用者の行動の要因を分析したりという立場が，集団主義的アプローチと

いってよいだろう。

　方法論的個人主義の立場から地域の交流空間を見るときには，社会的相互行為論（Social Interaction）の見方が重要になる。これは，人々がお互いに関わり合う現場で何が起きているのかを捉えようとする研究アプローチで，人々の個人的な行為そのものでも，社会という大きな構造でもなく，その間にある他者同士が相互に影響を受けながら行動している領域に目を向ける立場である。

　社会的相互行為論の代表的な研究者に，アメリカの社会学者H.G.ブルーマーがいる。ブルーマーが1960年代にまとめた「シンボリック相互作用論」[15]は，個人と社会が互いに影響を与え合うことで社会が動的に生成しているという社会観をもたらす考え方として重要である。ブルーマーの考えは，次のようなものである。人間は，その人なりの意味を持ってさまざまな事柄と向き合っており，そうした意味は他者との影響関係のなかで生まれるものである。そして，さまざまな形で意味を解釈し，自分の考えや行動を変えていく。一見当たり前のことを言っているようだが，社会をあらかじめ規定されているものとして固定的に捉え，個人はそのなかで動かされていると見るのではなく，また逆に，個人を同じ条件ならいつも同じように反応するものだと行動主義的に捉えるのでもなく，現実社会を個人にとって意味にあふれた世界として捉え，そしてその関係性のなかで個人は柔軟に考えや行動を変化させていくものであると考える点が，それまでの社会学にない視点であった。以降，さまざまな社会的な関わり合いの現場での行為をお互いに演じ合うドラマツルギーとして分析するE.ゴッフマンの研究[16]や，会話のなかから合意形成や解釈を生成していく現象を拾い上げたH.ガーフィンケルのエスノメソドロジー[17]といった多彩な相互行為論の研究が生まれることになった。地域の交流空間は，人々がそこに集まり，その関わりのなかからさまざまな現実を生み出していくという社会的空間である。そこでは，どのような行為が生まれ，他の空間とどのように異なる相互作用が生じているのだろうか。こうした視点の研究はまだ多くはないが，地域の交流空間をさらに深く理解するためにさらなる研究が期待されている。

　次に紹介する筆者らの研究は，居場所での参加者の意識や行動の変化を，他者との共同行為との関係でモデル化したもので，社会的相互行為の視点から地域の交流空間での人々の経験を分析した研究の１つである。居場所やコミュニ

ティカフェに集まる人たちは，自由にくつろいだり交流を楽しんだりと特に目的なく過ごしている一方で，場の運営の手伝いや自分自身の活動を積極的に行うこともしている。このような両極端な行動の間を自由に行き来しているという事実を，どのように理解することができるだろうか。これを，来場者の内在的な動機づけと共同性の段階的な進展から説明したのが，「共同行為における自己実現の段階モデル」[18]（**図表 2 - 13**）である。

「芝の家」をはじめとした地域の居場所の参加者に対するアンケートやインタビューから，運営参加や活動に積極的である人ほど自己肯定感や自己実現といった高次の価値を得ていることがわかるが，その場をはじめて訪れたときからすぐに積極的な参加をしていたわけではない。このモデルでは，積極的な活動に至るまでには他者との関係性と自己の意識の変化の過程があり，その段階が深まるとともに主体的な活動を行う段階をモデル化している。その過程とは，まず他者との関係性のなかで感じられる安心感が居場所への所属感をもたらし，それが自身の存在意義を感じられる運営協力等の行動の誘因となり，さらに自分らしい活動を始める意欲を生じさせるという，意識や行動の段階的な変化である。また，来場者が得る所属感や自己実現といった価値は，他者との関係性

図表 2 - 13 **共同行為と自己実現の段階モデル**

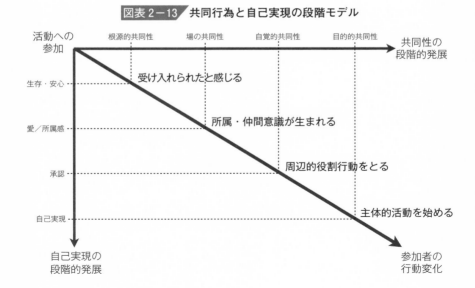

によってもたらされており，活動の発展とともにさらに新しい関係性と価値が生じる。こうした有機的な構造が，つながり形成と自発的活動が継続していく要因であると考えられる。

3-3／社会的創発のプラットフォーム

　さまざまな人々が交流し，新しい活動を行う地域の交流空間は，それまでになかった新しい知識や価値を創造する仕組みという視点から分析することもできる。

　現代の地域の交流空間が生まれるはるか前から，ロンドンのコーヒーハウスやパリのサロンでは，ある場に集まる人の交流のなかから時代を変えるさまざまな文化が生まれてきた。こうした現象を捉える研究としては，17〜18世紀の情報拠点となり市民革命や保険ビジネス，新聞などの発祥地となったロンドンのコーヒーハウスに関する研究や，パリ，ウィーン，フィレンツェなどで芸術運動や思想を生んだサロンやカフェの研究などがある。社会変革のなかで特定の場所に特定の人々が集まることによって，新たな文化やビジネスが生まれたという事実は一般的に知られているのである。飯田美樹は，19世紀末から20世紀初頭のパリのカフェを画家や詩人がどのように利用し，無名の若者がどのように有力者との関係を結び，そこでの議論からインスピレーションを得たり作品を創作したりしたかという，カフェにおける芸術家の相互作用に着目し考察している[19]。

　具体的な空間ではなく，組織や集団のなかから新たな知識が創造されるプロセスに注目した「場」の研究もある。生命科学の研究者である清水博は，明治から昭和初期にかけて活躍した哲学者西田幾多郎の場の論理を哲学的な根拠として，複数の人々が共創する場の理論を構築し，企業経営などへの応用を試みている[20]。また，経営学者の野中郁次郎が提唱した組織的知識創造のプロセスである「SECIモデル（セキモデル）」[21]は，世界の経営学の分野で広く普及しており，覚えておいて損はない。新しい知識を生み出すには，形式的な知（すでに言葉で表現され，理論化された知）だけではなく，暗黙的な知（実践の経験や身体感覚に基づく言語化されていない知）との往復が必要だという考え方で，特にそれを企業や団体などの組織のなかで行うには，4つの異なる場に

よって知を書き換えていく共同のプロセスが重要だという。4つの場は順に，共同化（Socializaiton），表出化（Externalization），連結化（Combination），内面化（Internalization）で，このプロセスを繰り返すことで知識が生まれるという考え方だ。共同化とはそれぞれが体験した暗黙知を共有する段階で，表出化は対話によってそれを概念化するプロセスである。次に連結化の段階で，個々の概念をつなぎ合わせて新しい体系的なフレームワークにしていく。そして，その新たな知識を実践のフェーズに活用するという内面化の段階に移る。ここでの実践は，最初の共同化段階とは異なるアプローチで行われることになり，再度そこで得られた暗黙知を共同化のプロセスに戻すことによって，形式化された知が現場で試された結果が持ち寄られる。この循環によってその組織に固有の新しい知識が創造されていくのである。暗黙知の価値を評価していることと，組織のなかでの知識創造のためには体験を共感的に共有する「場」の感覚が大事だという点が，このモデルの特徴である。

　地域のなかの交流空間が，その地域コミュニティに固有の価値を生み出す場として機能しているならば，そこにはSECIモデルの4つの場の循環が生じている可能性が高い。企業による価値創造だけではなく，地域における集合的価値創造にも応用できるモデルであるといえる。

　この他にも，SECIモデルをベースに組織的知識創造のため「よい場」の10の条件を整理した研究[22]や，経営における場のマネジメント手法をまとめた研究など[23]，経営学における価値創造の研究には地域の交流空間のマネジメントの参考になるものは多い。

　さらに，少し異なる視点からのアプローチを紹介しよう。協働プラットフォームという概念である。国領他は，情報社会においてはコミュニケーションの基盤となるプロトコルの共有が，トップダウンではなく自律・分散・協調型の価値創造の仕組みだという視点から，協働，創発のための「プラットフォーム」概念を提唱している[24]（**図表2－14**）。情報産業における製品やソフトウェア開発の共有の基盤技術という意味で多く使われ始めたプラットフォームという用語を，それ以外の分野でも生じている価値創造の基盤として拡大し，「多様な主体が協働する際に，協働を促進するコミュニケーションの基盤となる道具や仕組み」と定義している。ここにはブラウザやSNSといっ

た情報サービスだけではなく，地域の高齢者のケアのための交流の仕組みや，多様なステークホルダーが関わる法制度といった社会システムも含まれる。

　場の概念が，ある組織やプロジェクトを前提に協働的な知識創造が行われる場を分析する概念であるのに対し，プラットフォーム概念はそれを生み出すための道具である。また，場が暗黙知と形式知の循環による新しい知識の創出を軸にしているのに対して，プラットフォーム概念の鍵概念は「創発」である。創発（emergence）は，あるシステムにおいて，その部分の総和とは異なる性質，特徴が，システムの全体において現れる現象を指し，個別の関係性に還元できない機能や意味が全体的に生じたり，主体間の相互作用があらかじめ想定されないものを生み出したりするという現象をいう。生命論の概念では還元の対義語であり，システム的には科学的分析が進めばすべて還元になり得るという主張もあるが[25]，協働の結果は偶発的であるという事実を踏まえると，人々

図表2−14　協働プラットフォームの概念図

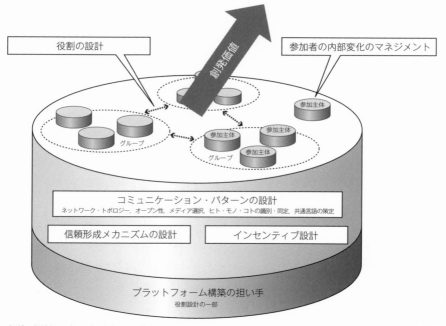

出所：國領ら（2011）をもとに筆者作成。

の相互行為を社会的な創発として捉える視点は有効であろう。

　こうした新たな価値を生む場やプラットフォームの議論を背景に，多様な主体が関わる場をつくることによって地域の協働や新しい事業を起こそうという動きは実践の現場でも盛んになっている。まちづくりや自治組織の活動推進のために多様な人が集まり多機能な役割を果たすタウンカフェのようなコミュニティプラットフォーム[26]，地域経営の文脈から必要となるマネジメントプラットフォーム[27]，地域内外の人材を結びつけ新たな活動や課題解決につなげる中間システムとしての地域プラットフォーム[28]，自治体・NPOの協働という多セクターの連携の場[29]などである。こうした共通の基盤づくりによって多様なステークホルダーを結びつけ，地域の課題解決や新たな価値創造を行おうという期待は高い。それまでになかった価値が社会的に創発される場としての，地域の交流空間に対する期待である。

3-4／都市のコモンズとプレイスメイキング

　最後に，都市計画や都市デザインという少し広い文脈から見た場所問題の視点を紹介しよう。

　コミュニティマネジメントという言葉は，コミュニティによる資源の管理という意味がある。現代の日本の土地は公有地と民有地という所有区分になっているのだが，近代以前は，このどちらでもない土地が伝統的に存在していた。共同体が共同で管理する牧草地や草刈り場など入会地と呼ばれる土地で，コモンズといわれる空間である。自然資源に対して人間の社会・経済活動が小さい時代は，たとえば屋根の葺き替えに必要な茅や，家畜の飼料といった必要な資源を周辺の誰の所有でもない共有で管理する山や野から調達していた。しかし，こうした共有資源が適正に管理されないままに不特定多数がアクセスできるようになると，目先の利益のためにそれぞれが勝手に乱用しはじめ，資源の枯渇が起きてしまう。経済学の言葉で「コモンズの悲劇」という現象である。

　他方，自治体による公共サービスが充実する近代以前には，地域の支え合い（たとえば葬式や結婚式などの祭礼や，病人や子どもの世話といった互助）は，住民同士の助け合いとして行われてきたが，近代国家が成立し都市化が進むと，多くの公的サービスが行政によって担われるようになり，住民は税金を納める

ことによってそれを受け取るだけになる。また，ある種のサービスは民間企業が担うようにもなる。元来共同体で行われていたことがシステム化されていくということである。地域協働（Co-production）は，公的サービスをコミュニティとの協働によって供給することで，より効率良く質の高いサービスを生み出そうという考え方である。こうした流れのなか，現在では，自然資源といった伝統的なコモンズだけではなく，都市のさまざまな共有の資源を新しいコモンズとして捉え直し，管理し活用していこうという動きが生まれている。

　都市の新しいコモンズとは，インターネット上のオープンなデータやクリエイティブコモンズ（著作者自身が著作物の複製や改変の許可コントロールすることで，著作物を適切に広く再利用できるようにする仕組み。主にインターネットを介して共有されるデジタルデータを対象にしている），道路や空港，あるいはマスコミュニケーションのシステムといった都市生活を支えるインフラストラクチャーなども含む。自然資源だけではなく，人工物や社会的構成物も含めて共同でマネジメントすべきコモンズとして捉えることで，豊かな都市を実現しようと考える動きである。地域コミュニティの領域の近隣コモンズには，歩道やコミュニティガーデンといった公共スペースから，住民組織や街区の管理組合といった組織，安全や落ち着いて暮らせる環境といったものまで，広いコモンズと考えられている[30]。行政や企業だけではなく，多様なステークホルダーが共同で都市環境をマネジメントするという考え方が次第に広がっているということだ。こうした延長に，地域の交流空間のマネジメントのあり方も探求されるべきであろう。

　また，公共空間のあり方に目を移すと，日本でも近年注目されてきた都市デザインの視点として，人が居心地良く過ごせる公共空間をつくるという「プレイスメイキング」という考え方がある[31]。街路や公園を，多くの人が利用し，多様なアクティビティを行えるようにデザインし直すことで，公共空間の賑わいを生み出そうというデザイン手法である。欧米では1960年代からこうしたコンセプトは一般的だったようだが，日本においては近年，ただの集客や賑わい創出とは異なる公共空間の改善方法として注目が集まっている。プレイスメイキングのコンセプトの核は，ヒューマンスケールで公共空間を設計し，多様な人が1つの空間をシェアし，多彩な使い方ができるようにするという場づくり

である。それゆえ，本章で見てきた地域の交流拠点という，他者同士が関わり合う場よりは相対的にオープンな空間である。

　また，もう一歩進めて，公共空間を一般の市民のアクションによって自らつくり上げていこうとする「タクティカル・アーバニズム」といった動きも，都市コモンズや交流空間を生成していくという文脈の1つにあげることができる[32]。タクティカル・アーバニズムは，都市計画家のM.ライドンが提唱した言葉で，大規模で長い時間のかかる既存の都市計画を批判的に乗り越えるための戦術的な（タクティカル）アクションという意味合いがある。多くの利害関係者が時間をかけて立案し実行する従来の都市計画は，現在すでに認められた公共空間の使い方や価値観しか反映することができないし，それが実現するには非常に長い時間がかかる。しかも一般の人に興味を持って知られることも多くない。そこで，市民のレベルで都市に働きかけるようなアクションを起こすことを考えた。たとえば自転車にやさしい都市づくりを推進するためにマイアミで2008年に開催された「Bike Miami Days」。1日だけ市の中心部から自動車を締め出すという試みで，自転車乗りだけではなく多くの人が参加し，自由に街路で過ごす時間を楽しむイベントとして大成功した。この結果，数千人の人々が，マイアミの未来の姿を体験し，さまざまな可能性を想像する機会となったという。その他に，普段は自動車のためのパーキングスペースでピクニックをしたり，街路を遊びの空間にしたりという，イベント的な働きかけを重ねることで，その価値を多くの人と共有していくことで，大きな都市計画を変えていこうとするのがタクティカル・アーバニズムという潮流である。

　筆者が主宰する東京都市大学コミュニティマネジメント研究室では，「おやまちプロジェクト」と称して，大学の地元・尾山台商店街の街路を自分たちの手で公共空間にしていくささやかなタクティカル・アーバニズムの試みを行っている。尾山台商店街では，毎日16時から18時の間，歩行者天国が実施されているが，実際には自動車の通行が止められるだけで，多様なアクティビティが行われているわけではない。そうした空間の可能性を広げるために，通りに人工芝を敷きテントを立てることで非日常の滞留空間を生み出す「おやまちキャンプ」や，ミニFMの放送局を開くことで住民がまちなかで語る時間をつくるなど実験的な試みを行っている。

図表2−15　南池袋公園，おやまちプロジェクト

　特定の交流拠点づくりとは異なるアプローチだが，都市の多様なコモンズを
コミュニティでマネジメントすることを通じて都市生活の質を高めていくとい
う考え方とともに，タクティカル・アーバニズムのアプローチも，住民が主体
となって都市のなかの公共空間をつくり出していく新しい地域づくりの方法で
あるといえるだろう。

　本節では，地域の交流拠点を考察する理論として，インフォーマルな共の空
間として捉える視点，参加者同士の相互行為から見ていく視点，新しい知識や
価値を創造するプラットフォームとして考察する視点，そして新しい都市デザ
インの流れのなかに位置付ける視点を整理した。コミュニティの場の研究や実
践に際して，参考にしてほしい。

4／場のケーススタディ

　本章の締めくくりとして，地域の未来を創発する拠点の事例を紹介しよう。
「芝の家」（東京都港区），「コワーキングスペース・スタジオ八百萬」（山形県
米沢市），「ゆがわらっことつくる多世代の居場所」（神奈川県湯河原町）の3
つの例である。本章でのタイプ分けに沿って分類すれば，「芝の家」はコミュ
ニティカフェ型，「スタジオ八百萬」はコワーキングスペース型，「ゆがわらっ
ことつくる多世代の居場所」はコミュニティケア型となるが，いずれもそれに
収まらないユニークな成り立ちと運営スタイルを持っている。ここでは，どの
ような運営の工夫がなされているか，その結果どのようなつながりと活動が生

まれているかに注目して，事例を概観する。

4-1／誰もがいたいようにいられる場「芝の家」

「芝の家」は，港区芝地区総合支所の地域事業「地域をつなぐ！交流の場づくり事業」の拠点として，2008年10月，芝三丁目に開設された地域の居場所である。事業の目的は，都市部で薄くなりがちな近隣同士のつながりをつくり，子どもから高齢者まで安心して暮らしていける環境づくりの支援。そのために，近隣の人が気軽に立ち寄り，交流できる拠点をまず設置し，そこから住民同士の関係性や活動を育んでいくという事業で，慶應義塾大学との連携で実施されている。

　芝三丁目の周囲には東京タワーや増上寺といった観光名所があり，再開発によって建てられた高層ビルも多いが，芝の家のある一角は旧来の木造家屋も多く，細い路地が縦横に走る下町的な雰囲気を残した区画である。かつてはこのあたりも商店街の賑わいを見せていたそうだが，いまは住民や近隣の会社員のほかにはそれほど人通りは多くない。芝の家の外観は，周囲の木造店舗と馴染むように古い建具や古材によってリフォームされ，通りに向かって玄関と縁側が開かれている。軒先に置かれた手書きの看板やポスター，植木鉢などが手づくりのあたたかみを醸し出している。室内は，ちゃぶ台やソファが置かれ，どこか懐かしい家のような雰囲気である。また，駄菓子や喫茶コーナー，遊び道具やピアノなどもあり，お茶を飲んだり，けん玉やベーゴマで遊んだり，ソファでくつろいだり，ちゃぶ台でおしゃべりしたりと，自由に過ごすことができる。

　現在「芝の家」は，火曜日から土曜日まで週5日間オープンし，赤ちゃんから80代のお年寄りまで多様な世代が訪れては，おしゃべりをしたりお茶を飲んだりと，好き好きに過ごしている。年間の来場者は約1万人（1日平均約41人），うち約30％が子ども，15％が高齢者である。来場者は，散歩や買い物のついでによる近隣の人たち，仲間と遊びにくる小学生たち，赤ちゃん連れのお母さん，おしゃべりにくるお年寄り，お弁当を食べにくる会社員，授業の空き時間をつぶしにくる大学生など多様で，近隣の人もいれば，地域外から通う人もいる。しかも，そのいろいろな人たちが，年齢や立場の違いを超えて，ここ

ではともに同じ場を共有し，分け隔てなく関わり合っている。「芝の家」で出会った人同士が，菜園づくりや子育て支援などの地域活動を始めることも多い。開設以来10年以上が経ち，いまではすっかり地域の居場所として溶け込んでいる。

「芝の家」が都市部の交流拠点として重要なのは，インフォーマルな共のネットワーク形成を実現しているという点である。「芝の家」で出会う人同士がカジュアルに地域の活動をはじめ，2013年から実施されている同じ港区芝地区の事業「ご近所イノベータ養成講座」との連携もあり，多様な世代，文化的背景を持つ人同士のゆるやかなネットワークが広がる拠点になっている。

どのようにして，多様な人の居心地のよい場をつくっているのか。その秘訣は，毎日お当番スタッフが行っているチェックインとチェックアウトのミーティングである。その日の体調や気分を話し合い，それを受け入れ合うことで，さまざまな来場者をあたたかく迎える雰囲気づくりを行っている。そして，来場者の応対も，接客ではなく見守りのような形で，その都度起こることに寄り添っていく。このように，通常の飲食店とは異なる運営を毎日丁寧に行っていることが，「芝の家」独特の場の雰囲気を生み出している。

4-2／人と地域がつながる拠点「コワーキングスペース・スタジオ八百萬」

「コワーキングスペース・スタジオ八百萬」は，米沢市中心街から車で10分ほどの距離にある山形県初のコワーキングスペース。オーナーである山田茂義

図表2－16／コワーキングスペース・スタジオ八百萬

さんの生家であり，昭和の時代には八百屋として使われていた建物をリノベーションし，2014年11月にオープンした。山田さんは，半導体メーカーの技術者として働いていたが，2013年に退職。名前の由来は，元八百屋であったことに加え，「たくさんの人の才能がつながる場所にしたい」という思いから，あらゆるものに神様が宿るという「八百万の神々」の言葉にあやかって名付けられた。

「スタジオ八百萬」のユニークな点は，ワークスペースの提供だけではなく，イベントスペースとしての貸し出しや，保健所の許可を得たキッチンを利用した「チャレンジカフェ」を行っていることである。特にチャレンジカフェは，本業以外に週一でカフェを行うチームや，山形の新たな「おやき」を商品開発するグループなど，食を軸にした新しい取り組みを後押しする場になっている。また，地元でさまざまな活動に取り組んでいる人を集めて活動報告と交流を行う「フォーラム八百萬」を開催したり，置賜広域行政事務組合が主催する講座「人と地域をつなぐ事業」に会場を提供したりすることで，新たな人と人とのつながりが自然に広がる場になっている。

効率的なワーク環境の提供よりもゆるやかなコミュニティ形成に主眼を置いた柔らかな運営もあって，女性ユーザーが非常に多いことがスタジオ八百萬の大きな特徴であり，魅力になっている。これまでの男性主体のまちづくりとは異なり，結婚を機に移住した女性や子育てをしながら自分の持ち味を発揮して地域で活躍したいという人たちの拠点になり，そうした価値観や活動が地域に広がる契機となっている。

4-3／つくるプロセスをひらく「ゆがわらっことつくる多世代の居場所」

「ゆがわらっことつくる多世代の居場所」は，子どもからお年寄りまで地域の多様な人が集い，あたたかい「斜めの関係」を育み，世代を超えたさまざまな活動が生まれる「多世代の居場所」をつくるプロジェクト。社会技術研究開発センター（JST-RISTEX）の助成を受け，慶應義塾大学SFC研究所と浜松医科大学，湯河原町による「未病に取り組む多世代共創コミュニティの形成と有効性検証」プロジェクトが契機となって始まった事業である。

図表2-17　ゆがわらっことつくる多世代の居場所

　湯河原町の住宅街の一角，さくらんぼ公園近くの一軒家を借り受け，学生や地元のスタッフを中心に週2～3日程度開室し，自分らしく安心していられる居場所を設けている。オープンは，2016年11月。「ゆがわらっこ大学」と呼ばれる大学生が主催する学習支援事業，多世代の人が集い地域の未来を考える「多世代共創塾」，みんなで食事をつくり一緒に食べる「居場食堂」など多様な事業を展開し，多世代の人々が出会い，活動を共に始めるコミュニティ形成の場になっている。

　特色は，みんなで居場所を「共に創っていく」姿勢である。居場所の設立にあたっては，子どもや近隣住民とともにワークショップを通じて自分たちが欲しい居場所像を考え，HandiHouse Projectの山崎大輔さんの協力を得て自分たちの手で空間をつくるワークショップを行った。「放課後リノベーション」と呼ばれたこのDIYワークショップでは，子どもから近隣住民まで参加し，不要な壁を壊し，壁塗りや床貼りなどを実際に体験，みんなで居場所の空間をつくり上げた。使い手とつくることで自然に場所への愛着がわき，主体的な活動が生まれやすくなっている。

　研究プロジェクトが終了した現在も事業は継続し，現在では湯河原町の創生戦略とも連動し，子育て環境の魅力化を通じた地域活性化の取り組みの一翼を担っている。小さな居場所が地域の未来をつくる場として成長している好例であるといえる。

74

●注

1 田所承己（2017）『場所でつながる／場所とつながる　移動する時代のクリエイティブなまちづくり』弘文堂。

2 J.ボードリヤール著　竹原あき子訳（1984）『シミュラークルとシミュレーション』法政大学出版局。

3 広井良典他編（2010）『コミュニティ　公共性・コモンズ・コミュニタリアニズム』勁草書房。

4 日本建築学会編（2010）『まちの居場所―まちの居場所をみつける／つくる』東洋書店。

5 飯盛義徳（2015）『地域づくりのプラットフォーム―つながりをつくり，創発を生む仕組みづくり』学芸出版社。

6 下村恵美子（2001）『九八歳の妊娠　宅老所よりあい物語』雲母書房。

7 NPO法人東京シューレ（2000）『フリースクールとはなにか』教育史料出版会。

8 ダムタイプ「S/N」と90年代京都「アーカイブ」プロジェクト。
http://www.archive-project-90s.com/a02.html（閲覧日：2018年8月17日）

9 熊倉敬聡他著（2010）『黒板とワイン―もう一つの学び場「三田の家」』慶應義塾大学出版会。

10 佐谷恭（2012）『つながりの仕事術―「コワーキング」を始めよう』洋泉社。

11 長田政一・田所承己（2014）『〈つながる／つながらない〉の社会学』弘文堂。

12 R.オルデンバーグ著　忠平美幸訳（2013）『サードプレイス―コミュニティの核になる「とびきり居心地よい場所」』みすず書房。

13 橘弘志（2005）「人と環境の関係をとらえ直す五つの視点」『建築雑誌』120（1533），pp.16-17，日本建築学会。

14 佐伯胖（1995）『「学ぶ」ということの意味』岩波書店。

15 H.ブルーマー著　後藤将之訳（1991）『シンボリック相互作用論―パースペクティヴと方法』勁草書房。

16 E.ゴッフマン著　石黒毅訳（1974）『ゴッフマンの社会学1　行為と演技　日常生活における自己呈示』誠信書房。

17 H.ガーフィンケル著　山田富秋他編訳（1987）『エスノメソドロジー―社科学的思考の解体』せりか書房。

18 坂倉杏介・保井俊之・白坂成功・前野隆司（2015）「『共同行為における自己実現の段階モデル』を用いた協創型地域づくり拠点の参加者の意識と行動変化の分析」『地域活性研究』Vol. 6。

19 カフェやサロンの研究としては，次のような文献がある。
小林章夫（2000）『コーヒー・ハウス―18世紀ロンドン，都市の生活史』講談社。
菊盛英夫（1979）『文芸サロン―その多彩なヒロインたち』中央公論社。
飯田美樹（2009）『caféから時代は創られる』いなほ書房。

20 清水博他（2000）『場と共創』NTT出版。

21 Nonaka, I. and Konno, N., (1998) The Concept of "Ba": Building a Foundation for Knowledge Creation, *California Management Review* Vol. 40, No. 3, Spring.

22 遠山亮子・野中郁次郎（2000）「『よい場』と革新的リーダーシップ―組織的知識創造に

ついての試論」『一橋ビジネスレビュー』48 夏秋号，pp.1-13。
23　伊丹敬之（2005）『場の論理とマネジメント』東洋経済新報社。
24　国領二郎（2011）『創発経営のプラットフォーム―協働の情報基盤づくり』日本経済新聞出版社。
25　C.マラテール著　佐藤直樹訳（2013）『生命起源論の科学哲学　創発か，還元的説明か』みすず書房。
26　名和田是彦（2008）「コミュニティとコミュニティ・プラットフォーム」，『地方自治』（732），pp. 2-15。
27　海野進（2009）『地域を経営する―ガバメント,ガバナンスからマネジメントへ』同友館。
28　敷田麻実・森重昌之・中村壮一郎（2012）「中間システムの役割を持つ地域プラットフォームの必要性とその構造分析」『国際広報メディア・観光学ジャーナル』（14），pp.23-42。
29　山浦晴男（2010）『住民・行政・NPO協働で進める　最新地域再生マニュアル』朝日新聞出版。
30　都市コモンズについては例えば次の文献を参照。
　高村学人（2012）『コモンズからの都市再生―地域共同管理と法の新たな役割』ミネルヴァ書房。
31　プレイスメイキングについては，以下の文献を参照。
　P.ヒーリー著　後藤春彦監訳，村上佳代訳（2015）『メイキング・ベター・プレイス―場所の質を問う』鹿島出版会。
　Y.ゲール著　北原理雄訳（2014）『人間の街　公共空間のデザイン』鹿島出版会。
32　マイク・ライドン，アンソニー・ガルシア「『Tactical Urbanism: Short-term Action for Long-term Change』イントロダクション」，『10+1 web site』
http://10plus1.jp/monthly/2017/03/issue-01.php

第 **3** 章

活動の主体を育む「プロセス」

　地域の課題を解決することや，より豊かな地域社会をつくるためには，コミュニティの力が不可欠である。そして，地域の担い手づくりや，さまざまな主体の協働の仕組みづくりといったコミュニティ形成には，そこに至る「プロセス」が存在している。では，このようなコミュニティを育むプロセスを，誰が，どのようにマネジメントしていくのだろうか。

　本章では，まずコミュニティマネジメントにおける活動の主体を育むプロセスの目的やアプローチを整理し，プロセスが生み出す価値についても把握する。また，コミュニティデザインにおけるリサーチやワークショップ，活動支援といったプロセスを支える代表的な手法や理論について解説を行う。最後は，プロセスマネジメントの具体的な事例を通じて，そのポイントや，プロセスに関わることの楽しさや難しさなどについて紹介する。

1／主体を育むプロセスとは

　コミュニティマネジメントにおける「プロセス」とは何か，そしてプロセスに関わるのはどんな人たちなのか。本節では，これからの時代に求められる「プロセス」が目指すものや，その担い手について把握する。また，プロセスを支える手法の1つであるコミュニティデザインについて概説するとともに，プロセスが生み出す価値について紹介する。

1-1／コミュニティマネジメントにおけるプロセス

1）プロセスの目指すもの

　「プロセス」の言葉の一般的な意味は，目的までの「過程や手順，方法」である。では，主体を育むプロセスの目指すところ（目的）は何であろうか。その目的はさまざまであるが，大きくは3つあると考えられる。1つ目は「新たなコミュニティを生み出す」ことである。人と人の出会いを生み出し，課題意

図表3-1　主体を育むプロセスが目指すもの

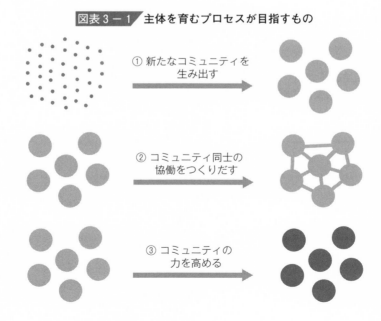

識や未来への想いを共有できる者同士が集まり，共にアクションへと踏み出していくことである。2つ目は「コミュニティ同士の協働をつくり出す」ことである。既存のコミュニティも含め，それぞれのコミュニティが持つ資源（人材やノウハウ，場など）をコラボさせることによって，単体のコミュニティでは解決できなかった課題にアプローチできたり，新たな活動を創出したりしていくことである。そして3つ目は「コミュニティの力を高める」ことである。プロセスを通じた経験や学び，新たなネットワークなどによって，新たなアイデアが発想できたり，活動の質が高まったりしていくことである。そして，その先には豊かな地域社会や1人ひとりの幸せな人生へとつながっていくことが究極的な目標となると考えられる。

2）プロセスの支援の担い手

　それでは，このような地域の主体を育む「プロセス」の支援は誰が行うのだろうか。地方自治体をはじめとする行政はその1つであろう。自治会活動など生活に身近な取り組みや，公園やコミュニティセンターといった公共空間への市民の参画，商店街など中心市街地のまちづくり，地域での生活体験型の観光の仕組みづくり，官民協働による行政計画の策定，地域ぐるみの高齢者福祉の体制づくり，学校教育と地域の連携のあり方など，自治体が事業主体となりながら地域住民の主体を育んでいく取り組みが1つの形である。このような事業では，そのプロセスや成果を専門的に支援するプロフェッショナルが自治体からの業務委託などの形で関わることも多い。いわゆるまちづくりコンサルタントやまちづくりコーディネーター，コミュニティデザイナーなどと称される職業がその代表例である。これらは民間の株式会社のほかに，NPO法人や財団法人といった一定の組織の枠組みで仕事を進めるケースもあれば，フリーランスの立場など個人で仕事を請けて取り組む人たちも存在する。近年では地域おこし協力隊や集落支援員といった国の制度を活用した立場で地方におけるコミュニティづくりに関わる人材も増えてきている。

　また，市民団体の立ち上げ支援や活動相談などを行う市民活動支援センターや，地域づくりを支援するまちづくりセンター，ボランティアセンターなどのいわゆる中間支援組織も地域の主体を育む重要な存在であり（詳しくは第4章

P.150を参照），行政から一定の補助を受けながら，より市民に近い立場での支援を行う場合が多い。また，中心市街地の活性化を担うTMO[1]や，身近な地域でのスポーツ振興や健康づくりを担う総合型地域スポーツクラブなども，地域活動の担い手育成やコミュニティの核としての役割を期待されている。

　さらに，最近では高等教育機関において地域連携が求められている背景もあり，大学の学科や研究室が特定の地域と連携して地域づくりやコミュニティ形成の支援を行うケースもある。学生の教育活動の一環でもあることなど，成果に対する評価が難しい面もあり，地域側の一定の理解や寛容さも必要となるが，地域づくりには「ヨソモノ・ワカモノ・バカモノ」が必要だといわれるように，地域外からの客観的な視点や若い世代の感性，フットワークの軽さなどが大きな力となるケースもある。

　加えて，たとえば地域の空き家や空き地などの遊休資産を活用し，ゲストハウスやシェアハウス，カフェ，コミュニティファームなどの運営を通じて，地域で起業するような移住者や若者も増えている。こういった地域への移住者などが自らの生活の延長線上で「やってみたいこと」を実現させながら，結果的に新たなコミュニティを形成していくというストーリーも存在する。そのため，行政課題を含めた地域の課題解決を出発点とし，専門家が仕事として関わることだけが地域の主体を育む上での必要条件ではないことは認識しておく必要があるだろう。

　その上で，やはり一定の専門性を持ちながら，地域の主体を育むプロセスを支援する役割も求められ続けている。相次ぐ自然災害からの復興や，高齢化社会の進展においてコミュニティの力はますます求められ，国は2014年から「地方創生」を謳いその担い手づくりも多くの地方で課題となっている。「地域」や「コミュニティ」を名前に冠する大学の学部・学科が増加し人材育成が求められていることも，このような社会背景を表しているだろう。

COLUMN　**地域おこし協力隊**

　「地域おこし協力隊」とは，人口減少や高齢化などの進行が著しい地方において，意欲ある人材を受け入れて地域協力活動を行ってもらい，地域力の維持・強化を図っていくとともに，その人材が定住・定着することを目的とした制度であ

る。総務省が呼びかけ，全国の自治体が受け皿となって導入するもので，都市部からの移住を前提としている。制度が始まった2009年度に31団体・89名だった隊員は，2018年度には1,061団体で5,500名を超えており，全国の過疎対策の中心的な施策ともなっている。隊員の約7割が20〜30代で，バックグラウンドはビジネスマンやデザイナー，IT技術者，農業従事者，学生などで，それぞれの知見や技術を活かして地域での活動を実践している。隊員の人件費は国からの特別交付税をベースとしており，自治体によっては独自に財源を給与などに上乗せしている。都市部の生活と比べて生活費が抑えられることや，最大3年間の任期終了後の地域への定着や自立のために副業が認められるケースもあり，任期終了者の約6割が同じ地域に継続して居住するという成果も表れている。隊員の業務内容は多岐にわたるが，多くの場合は採用元の自治体が募集要項に記載している場合が多い。各自のスキルや興味に応じて柔軟に対応している地域と，決められた業務内容を粛々とこなすことを求められる地域もあり，応募の際には注意が必要である。活動は地域住民との協働によって展開することが多く，さらに行政や都市部の移住希望者，専門家や学生などとの連携も必要となるケースがあり，企画力や実行力とともにコミュニケーション能力やマネジメント能力も求められる。地域おこし協力隊は，農山漁村地域への移住を考えている人にとっての1つの入り口となるとともに，地域の幸せな未来を地域住民とともに創り出す，やりがいのある制度といえるだろう。

3）コミュニティデザイン

　日本で「コミュニティデザイン」という言葉が使われ始めたのは1960年代といわれている。ニュータウン開発における住宅や広場の配置など「生活の入れ物」をうまくデザインすることによってコミュニティをつくり出すという発想だった。この頃は都市計画分野などデザインの主体は専門家だけだったが，1980年代からは住民参加の必要性が叫ばれるようになり，公共施設のデザインにおいて市民ワークショップ等の手法を取り入れながら合意形成を図っていくものがコミュニティデザインの主流となってきた。また，単に合意形成を図るだけではなく，公共施設の運営や管理にまで市民が主体的に関わっていくことの重要性も認識されてきた。そのため，合意形成だけではなく活動の主体づくりにまでアプローチを行っていくことになる。さらに2000年代に入ってからは，人口減少や行政財源の縮小とともに，都市部の拡大が終焉を迎え新たな公共施

設の建設も少なくなってきた。こういった時代においては，コミュニティデザインもハードの整備を前提とする必要が徐々になくなり，活動のフィールドも広がっていくこととなる。山崎亮は，上記の1960年代以降をコミュニティデザインの第1世代，1980年代以降を第2世代，そして自身を第3世代と位置づけた上で，現在のコミュニティデザインについて，「第1や第2のコミュニティデザインが掲げてきた目標と同じく，コミュニティ＝人のつながりをつくるための手法である」としながら，第3のコミュニティデザインについては，「ものをつくることを前提としない」ことが特徴だとしている[2]。

「デザイン」の語源はラテン語のdesignare（デジナーレ）だといわれている。その意味は，「ある問題を解決するために思考，概念の組み立てを行い，それをさまざまな媒体に応じて表現すること」とされている。この意味に沿うと，デザインには「問題解決」「設計」「見た目」という3つの要素が含まれていると見ることができる。一般的にデザインというと3つ目の「見た目」と捉えられがちであるが，広義の意味では社会の課題を解決することや，その計画や活動の中で行っていくプロセスなどを含める概念なのである。コミュニティデザインは「デザインの力で，人の集団が持つ課題解決力を高めるよう支援すること」であり，地域の課題を地域の人たち自身が「正しく・楽しく」解決できるよう支援・伴走するスタンスも特徴であるといえよう（**図表3-2**）。専門家が直接的に課題を解決するのではなく，地域住民が創造的に解決していくことができるプロセスを支援し，コミュニティデザイナーは段階的に現場を離れて

図表3-2 コミュニティデザインによるアプローチ

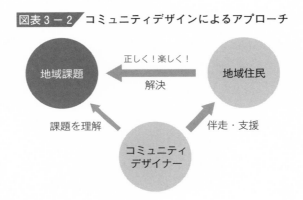

いくことが1つの流れとなる。

1-2／プロセスマネジメントが生み出す価値

1）多様な主体の協働と学びによる創造

　地域の人たち自身が課題を解決し，より幸せな社会をつくっていくために重要となるのが，市民1人ひとりが持つ創造性（クリエイティビティ）を引き出すことである。アメリカの都市経済学者R.フロリダは「人は誰もがクリエイティブである」とし，「すべての人々が持つクリエイティブなエネルギーや才能，潜在的な能力を開花させ，1人ひとりの人間のクリエイティビティを認め，育成する社会を構築することである」と述べている[3]。市民同士の新たなつながりやそこから生まれる創造的なアクションが社会を大きく変えていく可能性を秘めている。

　創造的な活動を生み出していくには，多様な人たちによる協働の場をつくることが必要である。現代の社会課題はさまざまな要素が絡みながら出現しているものが多く，1つの視点だけではなかなか解決につながらない。また，地域には子どもから高齢者，子育て中の人や体の不自由な人，さらには海外からの移住者といった多種多様な人たちで構成されている。そのため，参加の場にではできるだけ多様な立場や視点を持った人たちによる協働が重要となる。多様な主体による協働のメリットは，特定の立場や分野の人たちだけでは得られないレベルでの学びやイノベーションにつながる可能性を秘めていることである。人は得てして自分たちの分野の「文脈」や「常識」の枠組みで考えることで安

図表3−3　ラーニングゾーンは各自の専門分野の文脈や常識を超えたイノベーションにつながりやすい

心感を得ようとするものである。これを「コンフォートゾーン」と呼ぶが，そこを一歩脱して「ラーニングゾーン」で考えていくことが，新たな発想やアイデアにつながるといわれている。ただし，あまりにジャンプしすぎると「パニックゾーン」に陥るので注意も必要である（**図表3－3**）。ラーニングゾーンをつくっていくためには，学び合いの主体の多様性が重要でなのである。

2）地域活動と幸せ

　序章でも述べたが，「幸せの国」として有名なブータンでは国づくりの指標としてGNH（Gross National Happiness：国民総幸福量）を掲げている。国民1人当たりの幸福を最大化することによって社会全体の幸福を最大化することを目指すべきだとする考えから誕生したものである。ブータンのGNHでは9つの構成要素が掲げられているが，そのうちの1つに「コミュニティの活力」が定められている[4]。幸せの条件の1つとして，自らが属するコミュニティの状況が大きく影響すると捉えているのである。日本においても地域づくりの1つの指標として地域住民1人ひとりの「幸福度」が注目されている。都道府県別の「幸福度ランキング」がさまざまな研究機関などから毎年発表されるようになっているが，経済的指標を中心としたものと住民の心理的指標を中心としてもので大きく結果が異なるなど，1つの明確な切り口があるわけではない。しかし，近年，日本においても物質的な豊かさから精神的な豊かさへの重要性が認識されてきた流れの中で，地域づくりにおいて住民の心理的な側面を成果指標する試みも増え，幸福学やポジティブ心理学といったアプローチが注目されている。

　島根県海士町や高知県佐川町，東京都荒川区などでは各自治体経営の指針となる総合計画において，住民参加の計画策定を通じて幸福を指標とした計画内容を取り入れている[5]。これまでの人口増加の時代においては，そこに住む人の数（定住人口）を増やし，いかに税収を上げていくかという考えが主流であった。しかし，いよいよ日本全体が人口減少の時代に入り，定住人口・税収を増やすことが現実的な指標とはなりにくい中，地域住民が公共活動の担い手となってコミュニティ活動をする割合を増やす（活動人口比率）や，住民1人ひとりの幸福感を高めるとともに幸福な人の割合も増やす（幸福人口比率）と

いった指標を取り入れる流れが生まれている。

3）積極的レジャーとしてのまちづくり

　コミュニティ活動を持続的に取り組んでいくためには単なる義務感だけでは難しい。そこでいま一度見直していきたいのが活動における「楽しさ」という気持ちである。「楽しさ」においては，たとえば，テレビを見るとか買い物をするという誰かに楽しませてもらう「受動的な楽しさ」に対して，趣味活動やスポーツなど自ら楽しさを生み出していく「能動的な楽しさ」もある。コミュニティ活動は能動的に自らが楽しさを生み出していく取り組みであり，さらに「個人的」ではなく「集団的」である。ここで生み出される楽しさは，より大きく，より長続きする楽しさだと捉えることができる。

　「楽しさ」に近い概念の研究として，アメリカの心理学者M.チクセントミハイによる「フロー理論」がある。スポーツ選手や芸術家は，その競技や創作の際に，大きな集中力を得て驚くほどのパフォーマンスを発揮することがある。このとき，この人物は大きな喜びに満ちた状態にあるとする理論である。このフロー状態は，自身の行為の能力（技能）と行為への機会（挑戦）がバランスよく成長しているときに現れやすいとしている[6]（**図表3－4**）。これを地域活動に置き換えてみても，自分ができることを増やす・高めるといった技能の成長と，これまでできなかったことに一歩チャレンジしてみることは，活動の

図表3－4　フロー状態のモデル

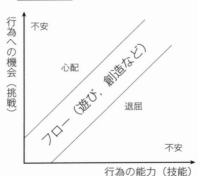

出所：M.チクセントミハイ『楽しみの社会学』（2001）をもとに筆者作成。

図表3－5 積極的レジャーとしてのまちづくり

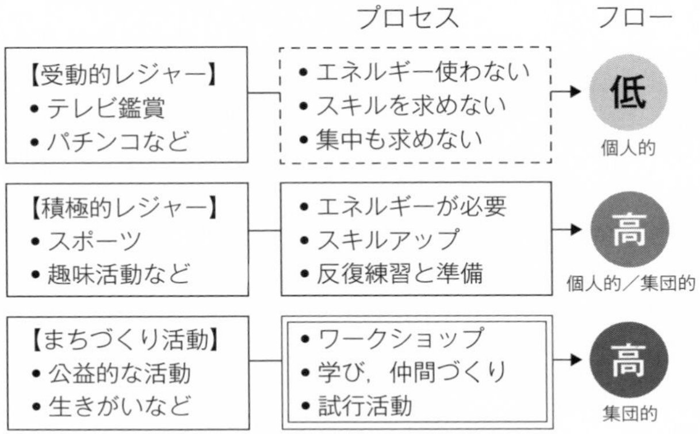

楽しさにつながると考えられる。また，フロー理論においては，大きな喜びを得るためには，そこまでの単調な反復練習や準備作業が必要であるとも指摘している（そのため，多くの人はフロー状態を得る域まで達しにくい）。このような事前練習や準備をともなう余暇活動を「積極的レジャー」としているが，コミュニティ活動の場合は，具体的な取り組みを展開する前のワークショップや試行実験などがこれらにあたるといえるだろう。そう考えたとき，このプロセスも単調ではなく，誰もが参加しやすい状況をつくっていくことで，より多くの人がコミュニティ活動を「楽しく」展開していくことができると考えられる。コミュニティ活動を「積極的レジャー」として捉えていく感覚も必要になってくるのではないだろうか（**図表3－5**）。

2／プロセスを支えるマネジメントの手法

　活動の主体を育むプロセスには，さまざまなマネジメントの手法が存在する。それらは決まった正解や順序があるわけではなく，常に取り組みのテーマや地域性，そこで生活・活動する人たちの状況などさまざまな状況を鑑み，さらには試行錯誤しながら組み立てていくものである。本節では筆者がコミュニティデザインの現場で活用する代表的な手法や理論などについて紹介していく。

2-1／主体を育む地域の理解

1）地域の基礎的な情報を調べる

　地域の主体を育むプロセスを支援する際に最初に取り組むことは，その地域についてさまざまな角度から理解を深めることである。まず，地域の人たちに直接アプローチする前に，その地域の特性や情報を把握することが必要である。現代社会ではインターネットの活用が有効だ。その地域の社会条件や，地勢，自然環境，産業，観光資源，歴史，生活文化，さらには個人や団体などその地域でどのような人たちが存在し，活動しているのかについて，あらかじめ調べておくことが大切である。たとえばその地域の人口動態や年齢別人口，産業別人口，高齢化率といったデータは基本的なものとして押さえておく必要があるだろう。こういったデータは，e-Stat[7]など国をはじめとしたさまざまなサイトで公開されている。国勢調査は各自治体の町丁字レベルまでデータがまとめられており，過去のデータもあるため経年の比較もしやすい。また，それらの情報の本質を捉えるには文献の情報を活用することが有効である。書籍や論文などの文献はインターネットの情報以上に内容が整理・体系化されていて，情報の正確性や信頼性も高い。その地域で課題となっている用語に対する基礎知識や，それらがどのような要因で生じているのかといった理論やメカニズム，論評，トレンドなどについて手に入れることができる。

　さらに，そのテーマに対する他の地域で取り組まれている先進事例についても調べておくことが重要である。他地域で取り組まれた事例は自分たちが取り組む地域とはさまざまな条件が異なるため，取り組み内容をそのまま持ち込めばよいというものではない。しかし，その中には参考にできるエッセンスや重要なヒントが隠されている。場合によっては現地に足を運んで現場で体感しながら，取り組みを進めている現場の人たちから直接話を聞くことでよりイメージも湧きやすくなる。また，こういった事例はワークショップにおいても重要な材料となる。地域住民と今後の取り組みアイデアを発想する際，既存のさまざまな事例を応用したり組み合わせたりしながら，その地域ならではの企画へと展開できる可能性を秘めている。

2) 地域を歩いて理解する

「フィールドワーク」は地域について理解するために活用される社会調査法の1つである。文化人類学や民俗学，社会学，自然生態学，地理学，建築学などさまざまな分野において歴史や手法が存在しており，地域に入る際に参考にするとよいだろう。コミュニティマネジメントにおいてもさまざまな角度から地域を「観察」することが大切である。1つの参考手法として「路上観察学」がある。これは今和次郎と吉田謙吉による「考現学」を源流とするもので，その名のとおり路上を観察し，それまで世間が存在を意識しなかったものに価値を見出した集団である。1986年に結成され，主な活動は，芸術家・赤瀬川原平らによる「トマソン」の観察である。機能を失った，もしくはもともと無用な，純粋なモノに価値を見出す姿勢は路上観察の基礎となった[8]。このような手法なども参考にしながら，自らの感性に従って「面白い！」と感じたものをひたすら写真やメモに記録していくことから始めてみるとよいだろう。事前に自分が関心のありそうな視点をチェックシートで確認しておくのも1つである。視覚だけではなくその他の感覚（聴覚，触覚，臭覚，味覚や直感）をフルに活用することも大切である。また，現代にはGPS付きのマップやボイスメモ，コンパス，歩数計などさまざまなアプリが搭載されたスマートフォンやタブレットなどもある。フィールドワークしながら地理情報をリアルタイムに把握してメモを取ることもできる。TwitterやInstagramなどのSNSを使って，フィールドワークの様子をリアルタイムに情報発信することや記録を残すことも可能である。IT技術やモバイルデバイスの発達はフィールドワークの可能性をさらに広げていくであろう。一方で，プライバシーの観点から私有地に無断で足を踏み入れることや，隠し撮りをするなどはもちろん厳禁であり，地域への最初の入り方を一歩間違えると，その後の活動に負の影響を与えてしまうことに注意が必要である。

フィールドワークをひととおり終えた後には，その結果を自らが評価して取りまとめることが必要である。フィールドワークで得られた知識や感覚は，その後のワークショップや実際の活動における発想の源になることも多い。加藤文俊は「フィールドワークによって獲得された知識は，本で学ぶ知識とは性格がちがうものだが，たんに主観的なエッセイや感想文のように位置づけられる

図表3－6　フィールドワークの様子（兵庫県姫路市家島地区，2019）

図表3－7　ガリバーマップの発表（東北芸術工科大学，2016）

ものでもない。ひとりの調査者が観察し，言葉をあたえることによって生み出された「世界」が確実に存在し，身体的に得られる唯一無二の感覚こそが創造力の源になる」と述べている[9]。また，フィールドワークの結果をグループでまとめて共有を図ることもあるだろう。その際の1つの手法として「ガリバーマップ法」がある。グループメンバーで共有した発見や気づきをオリジナルの大きなマップにまとめる手法である。既存の地図データを貼り合わせて下地図をつくり，撮影した写真を貼り付けイラストを描くといったアナログな作業となるが，メンバーが全員の参加で大きくつくることで，現地の地理感覚を身体化していくプロセスとしても効果がある。

3）地域の人たちの話を聞く

　地域の基礎的な情報を調べ，実際に地域を歩いて理解を深めたら，次は地域の人たちに直接話を聞きに行く段階となる。コミュニティマネジメントにおいて地域の人たちに最初にアプローチする機会となることも多く，「ヒアリング」または「インタビュー」と呼ばれるプロセスである。ビジネスや研究の現場では双方の言葉の意味はやや異なる。「ヒアリング」は相手の要望や目的を聞き出し，把握しておきたい項目・内容を明らかにすることである。一方「インタビュー」は相手との会話の中から情報を収集し，会話の内容によって得られる情報の最終形態は変わる場合もある。コミュニティマネジメントの現場ではこれら双方の目的を含むことが多いが，本章では以後「ヒアリング」という

表現に統一することとする。

　コミュニティマネジメントにおけるヒアリングの目的は，その人しか知りえない情報を得ることである。「その地域での生活に対する意識」や，何らかの活動をしている人であれば「活動の状況や団体の強みや悩み」，「実はこんなことをやってみたい」など，その人の心の深層にある想いを引き出して把握することが重要である。また，ワークショップなどの次のプロセスに参加してもらえる可能性もあるため，「人間関係を築く」ことも大切である。

　ヒアリングは対象者選びからスタートし，まずは地域のキーパーソンを探し出して始めるのが一般的である。自治体や中間支援組織などに，地域のキーパーソンや特徴的な活動をしている人や団体を紹介してもらうと始めやすいだろう。また，地域の取り組みを紹介しているWEBサイトや新聞，雑誌などもヒアリング候補者の情報源になる。ヒアリングした相手からさらにおすすめの人を数珠繋ぎ式に紹介してもらうのも有効である。最終的には自治体などが認知していない「隠れたキーパーソン」にアプローチできれば，今後の展開の可能性が広がっていく。時間と労力の許す限りできるだけ多く，そして多様な個人や団体にアプローチすることで今後のプロセスにおける有意義な情報を得ることができる。

　民俗学や社会学では現地でのヒアリングやインタビューも「フィールドワーク」の一部とする考え方もある。フィールドワーク（field work）は，もともとの意味は「野良仕事」からきている。農作業の際に鋤や鍬を使って丹念に畝

図表３−８　ヒアリングの様子（山形県金山町，2015）

をおこし，種を播き，間引きをし，こまめに雑草を除きながらひたすら作物の成長を待つ段階である。ここまで述べてきたコミュニティマネジメントにおける「主体を育む地域の理解」のプロセスは，そこで得た情報や人間関係を生かして，次の「主体を育む参加の場づくり」に向けた重要な準備の段階であるといえるだろう。

4）情報を引き出すための手法

　実際にヒアリングを実行していく際には，まずお願いする人にアポイントを取る必要がある。事前にヒアリングの目的や概要，こちらが何者なのかといったことを整理した「ヒアリング依頼文」を作っておくとよいだろう。電話やメールでお願いする際の手元資料や添付資料としても活用することができる。また，ヒアリングの当日には聞きたい項目を整理しておいた「ヒアリングシート」を準備しておく。ヒアリングはできるだけ対象者（対象団体）の自宅や活動拠点に伺って実施することが望ましい。対象者がリラックスできて話しやすく，その場にさまざまな会話のネタが転がっているからである。その人の趣向（絵画やインテリアなど）や特技（表彰状や写真など）から会話の切り口を見出すこともできる。自分と共通の話題が見つけられれば相手との距離はぐっと縮まる。ヒアリングで特に聞き出したい核心があっても最初から直接そこにアプローチはせず，まずは相手に「この人なら話してもよい」と思ってもらえる空気づくりが大切である。また，ヒアリングには1人で訪問するのではなく，2人以上で行うことが望ましい。質問して話を引き出す担当と，記録の担当を分担することで情報漏れを最小限に抑えることができる。ヒアリングに持参するものとしては，ヒアリングシートの他に録音用のICレコーダーや写真撮影用のデジタルカメラなどもあるとよいだろう。スマートフォンにはこれらの機能が内蔵されていることが多いため便利である。もちろん，記録の際には事前に相手に了承を得ることが必要である。ヒアリングの際には「傾聴力」や「共感力」が重要であるが，一方で，その状況を客観的に捉える意識も大切である。相手の話を深く掘り下げて共感しつつも，自分が最も聞き出したかったことにアプローチできるよう，時には話の流れの軌道修正を図る必要も出てくる。また，話の内容だけに集中するのではなく，「非言語情報」（表情や視線，服装，

インテリアなど）から読み取れる情報もある。ヒアリングは何度も実践を経験しながら自分の個性を生かしたスタイルをつくっていくことで成果も大きくなるだろう。

2-2／主体を育むワークショップ

1）ワークショップの意義と特長

「ワークショップ」は主体を育むコミュニティマネジメントにおけるメインプロセスの1つといってもよい。第1節で述べた，主体を育むプロセスの3つの目的「新たなコミュニティを生み出す」「コミュニティ同士の協働をつくりだす」「コミュニティの力を高める」において，直接的にアプローチしていくプロセスとなる。現在，ワークショップは学校教育や企業研修，芸術活動，そして住民参加まちづくりなどさまざまな現場で活用されている。

「ワークショップ」（work shop）の言葉のもともとの意味は，「仕事場・作業場」「共同で何かを作る場所」であるが，中野民生は「講義など一方的な知識伝達のスタイルではなく，参加者が自ら参加・体験して共同で何かを学び合ったり創り出したりする学びと創造のスタイル」と定義している[10]。ワークショップの特長は大きく以下の6つに整理することができるだろう。

① **「参加」**：ワークショップの場では参加する1人ひとりが主役である。参加メンバーが当事者意識を持ちながら，一緒にその場をつくり上げていく意識を持つことが大切である。また，参加者はそれぞれが経験や知識，価値観を持っており，それらの多様性を生かすことができれば成果はより大きくなる。

② **「作用」**：参加者がお互いの資源を持ち寄り，協働作業を通じて活発な相互作用（共感や創発など）を起こすことがワークショップには欠かせない。この良し悪しが成果の質を決める。

③ **「体験」**：参加者が各々の体験を持ち寄り，それを素材にして活動を組み立てていく。また，ワークショップを通じて参加者が共通の体験をするという意味もあり，さまざまなグループワークもこれにあたる。さらに，単なる対話だけではなく五感に訴える体験も有効となる場合がある。

図表3-9　ワークショップの特長

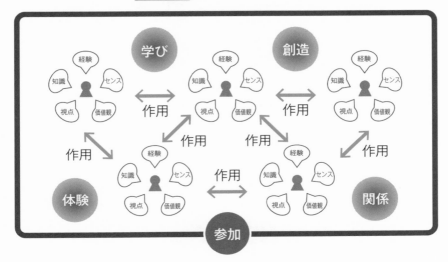

出所：堀公俊・加藤彰『ワークショップ・デザイン』（2008）を参考に筆者作成。

④ 「学び」：相互作用を通じて1人では得られない気づきを得ることができ，参加者全員で大きな学びを生み出していく。合意や創造を目的としたワークショップであっても，それをつくり上げるプロセスを通じて参加者の学び合いを引き起こしていく。ワークショップは個人やチームを成長させる方法である。

⑤ 「創造」：ワークショップは新しい「知」を生み出す方法論である。協働作業を通じて1人では思いつかないことを発見でき，主体的な参加者がいるからこその成果を生み出す。創造の中身はワークショップによって異なるが，集団で何かをつくり出すという意味では共通である。

⑥ 「関係」：コミュニティマネジメントにおけるワークショップで特に重要な視点である。ワークショップでの出会いから協働や体験を通じて信頼が生まれ，やがて新たな関係性が形づくられていき，次のステージの協働や活動を始めるチームへと育っていく。

COLUMN ワークショップの源流

　ワークショップはアメリカにおける演劇の分野にその源流があるとされ，1905年のG.P.ベーカーによる「47Workshop」が芸術創造の「工房」の意味を残しながらも現代的なワークショップの先駆けだといわれている。ベーカーは，ハーバード大学にて実験的な舞台を用い，学生に対する戯曲創作・演技・演出の指導を行った[11]。また，1900年代初頭に活躍した教育学者J.デューイの「経験をベースにした活動主義の学習法」にワークショップの源流を求める人も少なくない。これは，子供たちが生活の中で関わりのある具体的な問題に対して，自らの体験と考察をもとに試行錯誤を繰り返しながら問題解決をしていく学習法とされている。そこからさまざまな分野でワークショップは展開・発展していくことになる。

　まちづくり分野においては，アメリカにおける1950～60年代の公民権運動をはじめとする市民参加の流れの中で，コミュニティ・ディベロップメント・センター（CDC）が中心となってさまざまなワークショップの手法が生み出された。H.サノフは建築・環境の企画・設計に住み手の意思を反映させる手法として「デザイン・ゲーム」を考案し，こうした参加型合意形成の手法は「まちづくりワークショップ」と呼ばれた。一方，ランドスケープアーキテクトのL.ハルプリンは，ワークショップを通じてデザインに対する人々の主体的な参加を目指した。デザイナーが解決策を一方的に人々に提示するのではなく，人々を創造のプロセスに巻き込む形を重視した。日本における住民参加まちづくりのワークショップは，ハルプリンの研究をしていた青木志郎，藤本信義らが1979年に山形県飯豊町で実践したものが最初とされている。町の中心部である椿地区を対象とした，１週間に及ぶ土地利用計画づくりの住民参加ワークショップであった。農村の相互扶助の仕組みである「講」（第４章p.140参照）になぞらえ「椿講」と称して実施され，その後の日本の農村計画や都市計画に多大な影響を及ぼした[12]。その後，各地で住民参加まちづくりのワークショップが試行錯誤される中で，東京の世田谷区では林泰義を中心としてアメリカのCDCをモデルとした世田谷まちづくりセンター[13]が開設された。全国でも先駆的に参加型のまちづくりを進め，ワークショップの経験やプログラムなどをテキスト[14]にまとめ，全国各地の参加型まちづくりで活用されている。

2）ワークショップのデザイン

　ワークショップを実施する際に必要となる視点は，大きく「プログラムデザ

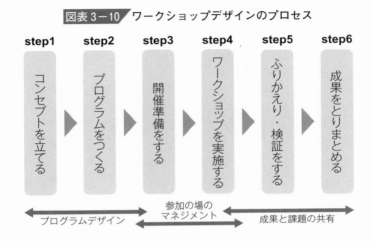

図表3−10 ワークショップデザインのプロセス

step1	step2	step3	step4	step5	step6
コンセプトを立てる	プログラムをつくる	開催準備をする	ワークショップを実施する	ふりかえり・検証をする	成果をとりまとめる

プログラムデザイン　←→　参加の場のマネジメント　←→　成果と課題の共有

イン」「参加の場のマネジメント」「成果と課題の共有」がある。それらに必要な要素はそのワークショップの目的や状況によって千差万別であるが，典型的なステップとして表すと**図表3−10**のように6つに整理できる。以下，各ステップに沿ってその内容や大切な視点について述べていく。

① 「コンセプトを立てる」

　まず，前提として「なぜワークショップをやるのか？」から問うことが必要である。これまで述べてきたようにワークショップにはさまざまな特長や効果があるが，あくまで参加の場づくりの1つの手法に過ぎない。そのワークショップに依頼主がいるなら，何を目的として実施するのか，ワークショップを行う必要性から確認することも重要である。場合によってはワークショップを行わない，あるいは別の手法でアプローチしてみるといった柔軟な姿勢が必要である。

　あらためてワークショップの実施の必要性が確認された場合，最初に取り組むステップは「コンセプトを立てる」ことである。コンセプトがあやふやでは，一貫性のないプログラムになってしまい，参加する側も「何のためのワークショップなのか？」といった疑問や不満を生むこととなり，楽しく成果を生み出す場とならない。コンセプトとは，「誰を対象とした」ワークショップで，

「何を目的に実施する」ワークショップなのか，ということを明確にすることである。コンセプトメイキングにおいては，この2つの視点を掘り下げながら，具体的な100〜200文字程度の文章にして，スタッフなど関係者と共有を図ってみるとよいだろう。

② 「プログラムをつくる」

　コンセプトが明確になれば，次はワークショップのプログラムをつくる段階に入る。具体的にプログラムを考えていく前に，まずワークショップ開催にあたってのいくつかの「前提条件」を確認しておく必要がある。前提条件とは，ワークショップのスケジュール（単発開催か連続開催かなど）や開催日時（曜日や時間帯など），会場（アクセスや収容可能人数，備品など），想定参加者（属性，事務局側との関係性など），運営体制（人員，経験，予算など）といったプログラムの可能性を拡げる，または制約ともなるさまざまな要因のことである。これらを認識した上でプログラムを組み立てることが必要となる。

　ワークショップのプログラムは大きく分けると，「オープニング」「本体」「クロージング」の3つで構成される（**図表3−11**）。最初の「オープニング」では，ワークショップの目的やスタンス，ルールなどの基本的な情報共有を行う。自己紹介や緊張をほぐすアイスブレイク（後述）などを行う場合もある。ワークショップのメインとなる「本体」は，観察，学習，対話，発想，創作など，目的に合わせて全体の時間配分を考慮しながら，複数のセッションを組み合わせて構成していく。複数回にわたるワークショップでは各回にどこまで進むのかをイメージして全体と各回の内容を組み立てていく。最後の「クロージ

図表3−11 ワークショッププログラムの構成

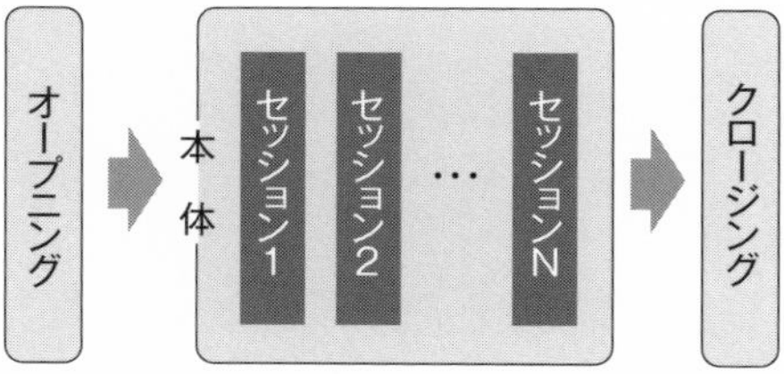

出所：堀公俊・加藤彰『ワークショップ・デザイン』（2008）をもとに筆者作成。

ング」は，その回の内容を振り返り，成果を確認・共有する。ワークショップのコンセプトに沿って，今後につながるまとめの時間とする必要がある。参加者の目線に立ちながら，リズムよくプログラムを組み立てていくこと大切だ。また，特に重要になるのが，ワークにおける「問い」の立て方である。ここでも常に参加者の立場に立って，「意味がわかりやすいか」「意見が出しやすいか」「議論がしやすいか」，そして「求める成果が得られそうか」といった点を常に意識しながらプログラムの詳細を組み立てていくことが大切である。

　ワークショップのプログラムが固まってきたら「プログラムシート」に整理していく。これはワークショップ当日の運営用の資料となるものである。これまでに検討してきた「コンセプト」や「タイムスケジュール」とそれに合わせた「各セッションとその内容」，「スタッフの担当」などをわかりやすく整理していく。プログラムシートは開催直前までブラッシュアップしながら運営スタッフと共有していくとよいだろう。

③「開催準備をする」

　ワークショップは主役となる参加者がいなければ成立しない。広報は「参加への入り口」であるため，プログラム詳細が固まっていない段階であっても，広報に必要な情報（テーマや開催日時，開催場所，参加対象など）が定まっていれば速やかに実施するべきである。行政が主催するワークショップの場合では，自治体の広報誌に掲載してもらえれば全世帯に配布される。うまく活用できれば効果的である一方，一部の層しか見ていない可能性もあるため，特に若い世代へのリーチを考える際には広報の工夫が必要になる。効果的な設置場所や配布方法が得られればポスターやチラシを作成することも有効である。アプローチしたい層の目に留まるデザイン性を高めることで，これまでまちづくりに興味のなかった層を呼び込むことも可能となる。また，ホームページやSNSでの発信もリーチ先を広げる意味において効果的である。さらに，ヒアリングの際に関係ができた人たちには直接声をかけて参加をお願いすることも可能となる。これらのチャンネルを駆使しながら，ワークショップのコンセプトに即した，より多様で主体的な参加者を呼び込むことが必要となる。

　ワークショップの開催が迫ると当日使用するさまざまなアイテムの準備が必

図表 3−12　グループワークの会場レイアウト

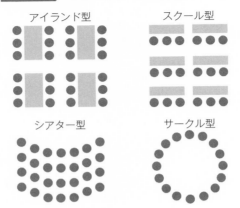

アイランド型　　　　　　　スクール型

シアター型　　　　　　　　サークル型

図表 3−13　チラシのデザイン「名護市総合計画ワークショップ」(2019)

図表 3−14　会場装飾「広島県さとやま未来博ワークショップ」(2018)

図表 3−15　お菓子や飲み物も大切「介護・福祉のこれからを考えるデザインスクール」(2019)

要となる。配布資料やプレゼンテーションのデータ，アイスブレイクやグループワークで使用するアイテム，会場の装飾，会場案内やテーブルサインなど，その作り込みやデザインによってワークショップの雰囲気や参加者の意欲も変わってくる。テーブルの配置についても，ワークの目的や特性によって使い分けることが必要である。グループワークを実施する場合は「アイランド型」の他にも，「スクール型」や「シアター型」，「サークル型」など適切な空間づくりを使い分けることが大切だ（**図表3－12**）。いずれにしても美しくセッティングしておくことが重要である。ワークショップは頭や体のエネルギーを消費するため，お菓子や飲み物にも気を遣うことも必要だ。地元の名産品を用意するなど，スタッフと参加者の話のきっかけとなるものもよいだろう。参加者が会場に最初に足を踏み入れた際，ワクワクするような会場のデザインがワークショップ自体の雰囲気をつくり出すのである。

④「ワークショップを実施する」

　ワークショップ当日は，運営側は体調を整えておくことが必要だ。スポーツと同じで，熱い気持ちと冷静な頭が必要になるからである。参加者が会場に足を運んでくれた際には，1人ひとりに「ようこそ，あなたを待っていました！」という感謝の気持ちを持って迎え入れよう。

　ワークショップを運営する際にはいくつかの役割がある。「ファシリテーター」は対話を促し，場を進行する役割であり，グループごとに1名ずつ配置することも多い（詳しくは後述する）。「記録係」は，音声や文字，映像，写真などでワークショップの様子や過程を記録する。成果を取りまとめる際に必要な素材を集める役割となるが，オープニングの際に写真撮影など記録の断わりを参加者にアナウンスすることが必要である。「プロセスマネージャー」は全体の進行を管理して，スタッフに適宜指示をする総括役である。全体司会を担うこともあり，プログラムのオープニングでワークショップの目的やグラウンドルールの確認を行うことも大切な役割である（**図表3－16**）。全体司会の振る舞いや話し方がワークショップの雰囲気をつくる大きな要素にもなるため，ある程度経験を積んだスタッフが担うことが賢明だろう。難解な専門用語や横文字は避ける（特に高齢者が多い場合）などの配慮も必要である。また，現場

図表 3 - 16 グラウンドルールの例

必ず全員が意見を出す
頭ごなしに意見の批判をしない
相手の話を途中で遮らず，最後まで聞く
1人が長々と演説しない
立場や役職に関わらずフラットに対話する
ここでの話はこの場かぎりで外で言いふらさない
わからないことは質問する
各自が3つ以上の「学び」や「気づき」を持ち帰る
アイデアはまず質よりも量を意識する
面白い意見に便乗する
できない理由を探すより，できる条件を見つける
納得ができないときは代案を出す
「私」を主語にして，他人事のスタンスで話をしない
自分が一番楽しむつもりで参加する

ワークショップの目的やプロセス，参加者特性等に応じて，5つ程度のルールを設定すると
参加者も意識しやすい。

判断で予定していた内容を臨機応変に変更するなど，ワークショップ全体の意
思決定も担う。グループのファシリテーターと連携しながらタイムマネジメン
トも行い，時間通りワークショップが終了できるようにする。そして，プロセ
スマネージャーのもう1つ重要な役割が「観察とフィードバック」である。
ワークショップ全体を俯瞰して観察できる立ち位置であるため，起こった出来
事や盛り上がりなどを，クロージングの際に全体に向けてフィードバックして
共有する。そうすることで，参加者の学びや今後の意欲の向上にもつながって
いく。

⑤「振り返り・検証をする」

　ワークショップ終了後のプロセスも重要である。運営側のスタッフ間で行う
振り返りは，できればワークショップの終了後すぐに実施したい。振り返りの
基本的なプロセスは**図表 3 - 17**のとおりである。いわゆるPDCAサイクルの一
部に近いプロセスであるが，まずワークショップで体験したことから「気づ

図表3-17 ふりかえりのプロセス

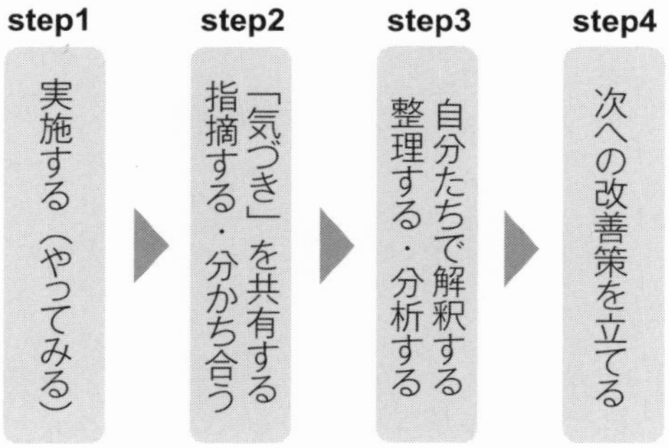

step1	step2	step3	step4
実施する（やってみる）	「気づき」を共有する・指摘する・分かち合う	自分たちで解釈する・整理する・分析する	次への改善策を立てる

き」を共有し，それを掘り下げて分析していく。そしてここで終わるのではなく，次への成功の仮説（具体的な改善策）をつくるところまで進めることが重要である。KPTフレームワーク[15]による振り返りなどがよく使われる手法である。

⑥「成果をとりまとめる」

　ワークショップの成果は「ニュースレター」などにまとめておくことが大切である。ニュースレターとはワークショップの内容をわかりやすく整理した新聞形式の印刷物のことで，次回のワークショップの際に前回の内容を振り返るためのツールとして，さらには参加できなかった人が当日の内容を共有するためのツールとしても有効である。ニュースレターの作成にあたっては，限られた紙面において簡潔に整理して伝えることが必要である。当日のプログラム概要やポイント，参加者からの意見や感想も大事なコンテンツとなる。特定の意見に偏った形でまとめてしまうと，意見が反映されなかった参加者から不満が出ることもあるので注意が必要である。また，高齢者が見ることが多い場合は，文字は大きめにすることも大切である。当日の会場の雰囲気を伝わるような写真を選定し，楽しさや盛り上がりを表現し，思わず手に取りたくなるような紙面づくりを心がける。また，ワークショップの主催者のホームページやSNSでの発信も効果的である。ニュース性を大切し，できるだけ早く発信することで，参加者の気持ちを熱く保ち続ける効果や，新たな人たちの参加のきっかけにも

102

なる。

3）さまざまなグループワークの手法

ここでは，ワークショップのグループワークにおけるいくつかの手法を紹介
する。各回のワークショップのプログラムにおけるメインセッションで用いる
ことが多い。テーブルファシリテーターがファシリテーショングラフィック
（後述）によって模造紙やホワイトボードに整理していく形が一般的である。
プログラムをデザインする際には，さまざまなワーク手法を研究し，そのとき
のワークショップの目的やプロセスに即したものを取り入れることが必要とな
る。それでは，どのような考え方をベースにワーク手法を取り入れていけばよ
いのだろうか。そこで必要になってくるのは，「人の思考や意識の流れ」であ
る。

たとえば「デザイン思考」では，①「共感」→②「問題定義」→③「創造」
→④「試作」→⑤「検証」といった5つのステップが有名である[16]。新しいア
イデアや企画を生み出す創発系のワークショップに有効であろう。また，地域
づくりの場合は，筆者の経験から述べると，**図表3－18**のような思考プロセス
を通じて取り組みへとつなげていくことが多い。この流れに即して代表的な
ワーク手法を例にあげてみると，「現状を認識する」ステップでは親和図法
（**図表3－19**）やイシューマップ法[17]など，「未来を描く」ステップでは未来新

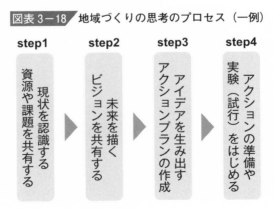

図表3－18 地域づくりの思考のプロセス（一例）

step1 現状を認識する 資源や課題を共有する

step2 未来を描く ビジョンを共有する

step3 アイデアを生み出す アクションプランの作成

step4 実験（試行） アクションの準備や をはじめる

図表 3－19　親和図法

図表 3－20　未来新聞法

図表 3－21　ブレインストーミング

図表 3－22　企画シートを用いたワーク

聞法（**図表 3 －20**）やウィッシュポエム法[18]など，「アイデアを生みだす」ステップではブレインストーミング（**図表 3 －21**）や企画シートを用いたワーク（**図表 3 －22**）などがある。ワークショップのテーマや目的に沿うような思考や意識の流れについてさまざまな理論を参考にしながら，グループワークのプロセスや内容をデザインしていこう。自身の得意なワークプロセスの型を数多く見出していくことでワークショップ・デザインの幅も広がることだろう。

4 ）ファシリテーション

　ファシリテーション（facilitation）の原意は「促進する」「容易にする」「円滑にする」「スムーズに運ばせる」というものである。堀公俊はファシリテーションを「集団による知的相互作用を促進する働き」のことだと述べている[19]。

ワークショップでは参加者の体験が容易にできるよう支援し，うまくことが運ぶように舵取りする役割としてファシリテーターの存在が重要となる。ファシリテーターは指導者ではなく，参加者１人ひとりが自分で気づき，考え，体験し，創造することを促していく。話を聞く，質問する，まとめる，多くの人を気遣う，こうしたコミュニケーションの基本的なことができることは，ファシリテーターの必要条件である。また，その人の周りにみんなが自然に集まって輪ができ，場が明るくなる存在であることも大事である。

　また，ファシリテーターはその話し合いのテーマに関する情報や知識を事前に仕入れておくことが必要である。たとえば今後の地域での取り組みアイデアを検討していくプロセスのワークでは，そのテーマの先進事例を調べておくことだ。参加者たちの意見に対してさまざまな道筋の可能性をイメージしながら話し合いを進めていく。参加者に「誘導されている」と感じさせてはいけないが，ファシリテーターは単なる「意見の整理役」にとどまってしまっては創造的なワークショップにはならない。ファシリテーターはよりクリエイティブで，参加者がこれまで経験できなかったような高みにまで話し合いを導く役割でもある。さらに，ファシリテーターの重要な役割として，グループでの意見の内容をわかりやすく「見える化」することも求められる。「ファシリテーショングラフィック」などと呼ばれる技法であるが，模造紙やホワイトボードに付箋紙やマーカーを用いて行うことが多い（ワークショップによってはファシリテーターと記録役を分けて実施する場合もある）。対話の内容の構造化や美し

図表３−23　ファシリテーターの役割

参加の場のデザイン	メンバーの関係づくり
・グループワークの設計　・話しやすい雰囲気づくり	・アイスブレイク　・チームビルディング
創造と意思決定	意見の整理と見える化
・次のプロセスへのアウトプット　・合意形成と主体形成	・傾聴と質問，対話の促進　・ファシリテーショングラフィック

<table>
<tr><td>図表 3−24</td><td>十日町市のワークショップでは市民のコアメンバーがファシリテーターを務めた（2013）</td></tr>
</table>

<table>
<tr><td>図表 3−25</td><td>新庄市では市職員がファシリテーション研修を受け，総合計画策定後の市民と行政の協働を見据える（2019）</td></tr>
</table>

くまとめていくには経験が必要であり，実践の機会があれば何度も経験を重ねることである。まずはテーブルファシリテーターから始めて，経験を重ねてから全体の進行役（プロセスマネージャー）を担えるようになっていくことが求められる。

　これまでワークショップにおけるファシリテーターは外部の専門家が担う場合が多かった。これは，ファシリテーションは一定の技能や経験が必要とされ，第3者的な立場であることが人間関係のしがらみや先入観なく進行できる利点があったからである。一方で，コミュニティマネジメントにおいては，ワークショップ後のプロセスも見据え，地域での取り組みの当事者である市民自身や，市民と継続的に協働関係をつくっていく行政職員などがファシリテーターを担うことも効果的だ。新潟県十日町市の中心市街地におけるまちづくりでは，13名の市民のコアメンバーが勉強会を開催しながら，50名規模の市民ワークショップにおけるテーブルのファシリテーターを担った（**図表3−24**）。ワークショップ終了後もこのコアメンバーの市民がプロジェクトの推進役となり，新しく中心市街地に完成した市民活動センターのコーディネーターとなる流れが生まれた。また，山形県新庄市の総合計画策定では，市民ワークショップの事前に市職員の研修を実施し，ワークショップの考え方やファシリテーションについて学び，計画策定後の市民と行政との協働事業においても中心的な役割

を担っていく流れができている（**図表 3 −25**）。

5）アイスブレイク

　ワークショップにおいて「アイスブレイク」はグループワーク前の導入時に実施することが多く，うまく取り入れることで大きな効果を生み出す。見知らぬ者どうしの集団の場に投げ込まれたとき，私たちの心と体は「アイス（氷）」のように張りつめて凍てついた状態になっている。その「アイス」の状態を「ブレイクする（打ち破る）」ことがアイスブレイク（ice break）である。つまり，見知らぬ複数の人がいる場所で固い雰囲気をやわらげることを目的に行うワークやアクティビティのことを示す。アイスブレイクの目的は大きく3つあり「①参加者全員が和やかな雰囲気に包まれるようにすること」「②参加者同士の自己開示が進み，コミュニケーションが円滑になること」「③参加者同士がお互いに協力しようという気持ちになるようにすること」とされている[20]。書籍などでさまざまなアイスブレイクのアクティビティが紹介されており，参考にしながら目的に合わせてオリジナルのアイスブレイクを実践してみるとよい。

　たとえば「マシュマロチャレンジ」（**図表 3 −26**）のようなチームで試行錯誤しながら競い合うゲームは，メンバーの特徴や役割を見出し，チームの意味についての気づきを生み出し，その結束力を高める効果がある。ワークショッ

図表 3 −26 マシュマロチャレンジ（青森県むつ市，2017年）

図表 3 −27 クイズで情報を楽しくインプット（宮崎県延岡市，2011年）

プにおいては，そのテーマに合わせた形で準備すると次のメインセッションに
うまくつながっていく。宮崎県延岡市の駅周辺エリアのまちづくりワーク
ショップでは，延岡の町に関する3択形式のクイズでアイスブレイクを実施し，
グループ単位で回答を考えることで参加者が気軽に話しやすい雰囲気をつくる
とともに，対象エリアに関する情報のインプットにもなることで，次のグルー
プワークへの効果的な流れを生み出した（**図表3−27**）。

2-3／地域でのアクションを支援する

1）チームビルディング

　ワークショップなどを通じて人と人が出会い，新たな関係性を築いていくこ
とで地域での取り組みの主体となっていくことがある。その流れを意図的に狙
うこともあれば，当初は想定していなかった形で新たなチームが形成されてい
くこともある。このプロセスはコミュニティマネジメントにおいての醍醐味で
ある。リーダーズインテグレーション[21]のような仕掛けを盛り込んでワーク
ショップを進めることで，リーダーや各メンバーの役割のあり方などについて
学び，それぞれのチームの成長を促すきっかけを提供できることであろう。

図表3−28 タックマンモデルとチームビルディング

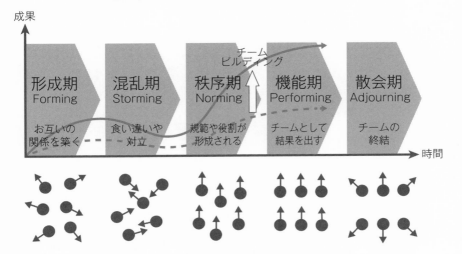

　心理学者のB.タックマンは，新たなチームを生み出すプロセスとして，①形成期（チームが形成される段階であり，目標を達成するために課題を明らかにすることが重要となる），②混乱期（目標を達成するための方法について検討する段階であり，さまざまな意見がぶつかり合うことになる），③秩序期（メンバーが相互の価値観を理解し，行動ルールや役割分担がスムーズに進む），④機能期（メンバーがそれぞれの役割を果たし，課題を乗り越えるために機能する）という4つの段階を経ることが多いとしている。地域活動では持続的，発展的であることがよいとされることが一般的だが，主体であるコミュニティが「活動疲れ」を起こしてしまうケースもよく聞かれる。特に行政事業の中で取り組みが進められると，単年度で成果を求められやすいなど行政と市民とのスピード感にギャップが生まれることもある。そのあたりはプロセスをマネジメントしていく上で注意が必要である。活動は必ずしも持続的であることが前提ではなく，時限を設定して目的を達成すれば「終わる」プロセスがあってもいいだろう。B.タックマンが後に「⑤散会期」を加えたように，学校の部活のように「卒業」がある仕組みを持ったコミュニティについても考えていく必要があるだろう（**図表3－28**）。

2）一歩踏み出す状況を支援する

　ワークショップなどで活動の主体が育まれ，取り組みの企画が見えてくれば，いよいよ地域でのアクションの段階となる。アクションに際しては，ワークショップなどで話し合ってきた内容を振り返るとともに，あらためてそのアクションが「自分たちがやりたいこと」「自分たちができること」「地域社会が求めていること」を満たしているものなのか確認してもらうプロセスも大切である。その上で，ワークショップのアイデアからさらに詳細を具体化した企画書づくりをサポートしてアクションの準備を進めていこう。企画書の作成は，さらに仲間を集めるとき，地域の人や関係者に理解を求めるとき，助成金やクラウドファンディングなど資金面の支援を得たいとき，そして自分たちの考えを明確化・共有するためにも有効な作業となる。

　アクションを一歩踏み出すときに参考になる考え方に「バックキャスティング」と「フォアキャスティング」がある。バックキャスティングとは，未来の

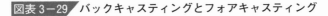

図表3−29　バックキャスティングとフォアキャスティング

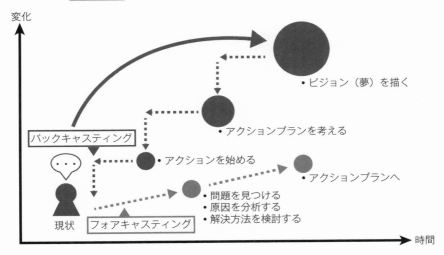

理想的な目標となる状態を想定し，そこを起点に現在を振り返って今何をすべきかを考える方法で，いわば未来から逆算したアプローチである。一方，フォアキャスティングは，現状分析や過去の統計，実績，経験などから次のアクションを考えるアプローチである（**図表3−29**）。どちらが良い・悪いということではないが，一般的にバックキャスティングでアプローチするほうが大きな変化（イノベーション）につながりやすいといわれている。地域でのアクションにおいても，過去や現在からばかりではなく，理想の未来像から発想するバックキャスティングを取り入れてみる価値は大いにあるだろう。そして，そこへ向かう「エレガント・ミニマム・ファーストステップ」（美しい小さな第一歩）を踏み出す勇気をサポートすることも必要となる。

3) アクションを支えるコーディネーター

　コミュニティ活動においては，その活動の主体をサポートし，主体どうしや主体と場，主体と組織などをつなげていく「コーディネーター」が求められている。社会教育主事や市民活動コーディネーター，まちづくりコーディネーターといった仕事はこれまでも各地で活躍してきているが，このコーディネー

ターという職能に求められるものは多岐にわたる。大島祥子は，まちづくりの
コーディネート領域の中で必要な要素として，心（きめ細かな心配り）・技
（素早い事務処理と資料作成）・体（軽いフットワークとタフな体力）が必要だ
と述べている[22]。自らが地域のさまざまな主体とネットワークを持っているこ
とが必要とされ（**図表3－30**），地域の多様な主体の現状（資源，課題など）
を把握する力や，多様な主体をつなげる力，市民の創造力を引き出すファシリ

図表3－30 地域のコミュニティをつなぐコーディネーター

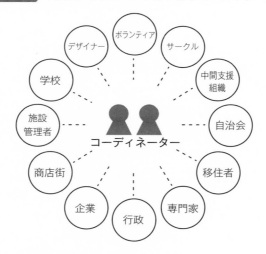

図表3－31 活動内容をまとめたドキュメント

テーション力なども求められる。さらに，これまでの活動内容を美しくデザインしてまとめることで，活動主体のモチベーションを高めるとともに，新たな参加者に対してこれまでの経緯やコンセプトを理解してもらえる媒体としても活用することができる（**図表 3 − 31**）。コーディネーターは極めて専門性の高い役割であるといえよう。

　近年では，まちづくりや市民活動支援だけではなく，医療や福祉，観光，教育など多くの分野でコーディネート人材が求められている。文部科学省が推進する「コミュニティ・スクール」では，教職員と地域の多様な人材や各家庭が協働して教育支援を行うための地域コーディネーターが求められている。コーディネーターは地域社会において，ますますニーズの高い存在となるだろう。

3／プロセスマネジメントのケーススタディ

　主体を育むプロセスの手法や生み出す価値は，こうすればうまくいくという決まったセオリーや方程式があるわけではない。地域やそこで生活する人たちの個性や取り巻く状況は千差万別であり，時間とともに変化もしていく。アプローチとして1つの答えがあるわけではなく，当初計画していたものを途中で大きく変えることもある。それがプロセスに関わることの難しさであり，面白さでもある。コミュニティを育むプロセスについては，具体的な事例を紹介する中でよりイメージや理解が進むと考えられる。本章の締めくくりとして紹介するのは，コミュニティデザイン事務所studio-Lが支援に携わった3つのプロジェクトである。「中心市街地のまちづくり」（群馬県富岡市），「市民参画による公共施設の運営」（東京都立川市），「協働による総合計画の策定」（長野県白馬村）における活動の主体を育むプロセスについて概説していこう。

3-1／まちなかで関係づくりを楽しむ
　　　「群馬県富岡市 スマイルとみおか」

1）世界遺産登録が目前に迫ったまち
　富岡市は群馬県の南西部にある人口5万人弱の地方都市である。江戸時代には宿場町として栄え，1872年に創業した日本初の官営の製糸工場「富岡製糸

場」で有名である。studio-Lは，2012年から3年間，富岡市の中心市街地の市民主体のまちづくりの支援を行った。2012年当時はちょうど「富岡製糸場と絹産業遺産群」の世界文化遺産登録への機運が高まっていた時期であった。今後の観光客の増加が予想される一方，定住人口の減少や高齢化が進行するなかで，市の中心部である上州富岡駅から製糸場までの中心市街地（まちなか）エリアは空店舗や空地が目立ち始めていた。市民がまちなかとの関わりを再構築し，まちづくりの担い手となってもらうことを目的として，富岡市からの委託業務としてstudio-Lがプロセスマネジメントを担うこととなった。

2）地域の資源と今後現れる課題の把握

　最初のプロセスは市民へのヒアリングからであった。市民約50名の自宅や職場に訪問し，富岡で生活する上での魅力や悩み，今後やってみたい活動などについて聞きだしていった。また，地域のフィールドワークも行う中で，今後市民の活動拠点となりそうな場所がまちなかに数多く存在することが見えてきた。地域の玄関口である上州富岡駅は今後改修され，市役所も建て替えによって市民の活動スペースや広場が計画されていること，空き店舗などが増えてはいるが，公共的な活動に対して貸し出してもよいと考えている所有者がいることもわかってきた。

　今後富岡のまちなかが抱える課題についても予測を行った。日本における世界遺産登録は富岡で18例目（当時）となる。過去の登録事例の地域を調べてみると，一時期に多くの観光客が地域に入ってくるため，ゴミ問題や交通問題など市民の生活に大きなインパクト与えることや，地域に対する理解を深めてもうための観光ガイドなどの人材育成が間に合っていないケースが見られた。また，世界遺産登録後の3年が観光客増加のピークで，その後は徐々に減少していくケースが多いこともわかってきた。さらに，一時期に急増する観光客を目当てに外部資本の飲食店や土産屋が乱立し，観光客が減少した後には撤退して空店舗や空き地が残され，街にとってダメージとなることも明らかとなった。

3）まちのビジョンを共有するプロセス

　2012年6月から，市民約80名による1年目のワークショップ（計9回）がス

図表3-32　1年目のワークショップでは
ビジョンの共有を重視した

図表3-33　中間報告会では4つのチー
ムが市民200名の前で発表

タートした。ワークショップにはヒアリングに協力してもらった市民とともに，チラシや市の広報などを通じて参加を募った。この1年目のワークショップで重視したことは「市民目線でこの富岡の街がどのように進んでいくべきか」というビジョンを共有することだった。そこでマネジメント側から提供した視点は，先のリサーチから明らかになった世界遺産登録後の街が抱える課題についてである。これらについて丁寧に理解を進めてもらい，ビジョンの検討・共有を行った。そのビジョンとは，世界遺産登録による一時的な観光客の急増と減少に一喜一憂せず，市民1人ひとりがまちなかを楽しみながら，自分たちが楽しいと思う活動を展開すること。そして来訪者と仲良くなり，富岡の人や街を好きになってもらい，「また来るよ」と言ってもらえる関係をつくることである。

　その後，ワークショップを通じて各自の興味に沿った4つのテーマ（情報発信，場づくり，プログラムづくり，ものづくり）に沿ったチームをつくり，それぞれがまちなかで活動するプログラムの方向性を話し合った。1年目のワークショップの最後は，中間報告会として200名の一般市民の前で各チームからの企画を発表した。寸劇などを交えたメンバーも聞き手も楽しめるプレゼンテーションで，ワークショップで確認してきたコンセプトや今後の活動方針をより多くの市民と共有することができた。ワークショップ全体の市民団体の愛称も「スマイルとみおか」に決まり，今後の新たな市民の参加を呼びかけた。

4）市民のやりたいことを育み実行するプロセス

　2年目（2013年度）は，新たに参加を希望した市民も加わり，引き続きワークショップを月に1回ペースで計7回開催した。チームごとにいくつかのまちなかでの活動のアイデアを創出し，さらに具体的な企画に落とし込むワークを実施していった。チーム内での役割分担や広報活動，当日の運営体制なども準備していく中で，各チームのチームビルディングも進んでいった。

　2013年秋の休日に「スマイルとみおか」の4つのチームが計11のプログラムを富岡のまちなかで実験的に展開した。製糸場を舞台に富岡を紹介する「オリジナルのCM撮影」，富岡を訪れた人たちの「笑顔の写真の展覧会」，観光案内所をマスキングテープで彩った「一日カフェ」，ギターと歌声で溢れる「まちなかカラオケ」など，市民と来訪者がともに楽しく参加でき，双方の関係が深まるプログラムとなった。社会実験として実施したこれらのプログラムは，引き続きワークショップを通じてその成果や課題を検証し，その後も新たなプログラムを生み出しながら実践を続けている。

5）1人の「やりたいこと」が市民の創造力に火をつける

　ここで「スマイルとみおか」のメンバーである1人の男性に注目したい。彼はワークショップの中間発表会の際に「富岡ロボット」（通称：富ロボ）を提案した。いわゆる「ご当地ゆるキャラ」の発想に近いのだが，段ボールで"コスプレ"したその姿は完成度が低く，お世辞にもカワイイとはいえない。富ロ

| 図表 3−34 | 当初「富ロボ」は子供たちに人気がなかった | 図表 3−35 | 「富ロボ」が市民の創造力に火をつけた |

ボは地域の祭りなどに出現するようになるが，子どもたちにも全く人気がな
かった。スマイル富岡のメンバーも心配していたのだが，その状況を見ていた
「富ロボをなんとかしてあげたい」という市民たちからアクションが起こる。
自治体公認のキャラクターとは異なり著作権の縛りや手続きが必要ないため，
市民が富ロボをネタにさまざまな「創作活動」を始めたのである。缶バッジや
ステッカー，Tシャツ，さらには富ロボを模ったクッキーやパンをつくる人た
ちも生まれてきた。富ロボのストーリーを考えたり，ライバルをデザインして
楽しむ市民も出てくることになる。富ロボが市民の想像力に火をつけ，より多
くの人たちのまちづくりへの参加の入り口ともなっている。今では子どもたち
にも大人気だ。

6）「プロセス」そのものが持つ価値

　2014年6月，「富岡製糸場と絹産業遺産群」はユネスコの世界文化遺産に正
式に決定した。富岡では訪れてきた人たちの「関係づくり」の活動を市民がま
ちなかで日々展開する流れが生まれている。studio-Lによるプロセス支援の終
了後も，スマイルとみおかのメンバーが中心となり，まちなかの路地で展開す
るフェスティバルの開催や，空き家をリノベーションしたゲストハウスの運営，
地域外の大学生に夏休みなどにまちなかで生活してもらう「まちなか留学」な
どが展開されている。2018年には当時ワークショップに参加していた市民が市
長になり，市民主体のまちづくり活動にさらなる理解が深まっている。

　富岡におけるプロセスは，市民によるまちなかでの社会実験プログラムまで
2年近くをかけ，さらにその検証や日常的な展開へのフォローアップなども含
めて3年間の長丁場の取り組みであった。そのため，市民のまちなかに対する
ビジョン共有とチームビルディングを丁寧に実施することができた。行政事業
の場合，単年度で「見える成果」が求められることが多いが，富岡市の場合は
コミュニティの力を信じ，「プロセス」そのものに理解があったことも大き
かった。そして，市民が自分たちの「やりたいこと」や「楽しいこと」を実践
し，試行錯誤の中でそのまちの「物語」が生まれたこともプロセスの価値で
あったといえよう。

図表 3−36 スマイルとみおかの［プロセス］

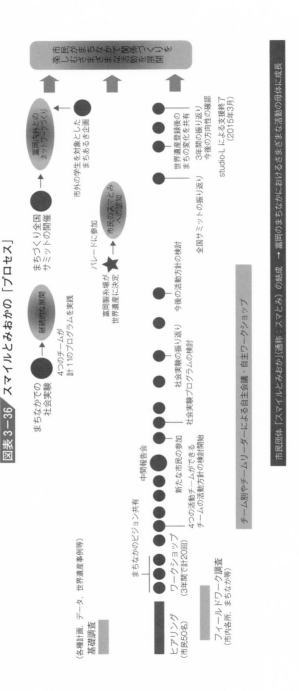

3-2／公共施設を舞台としてつながる「東京都立川市 子ども未来センター」

1）新しい公共施設づくりのプロジェクト

　立川市は人口約18万人（2019年現在）の西東京エリアの中心都市であり，この街を舞台としたマンガやアニメが多いことでも知られている。2010年にJR立川駅の南側にあった市役所が移転し，旧市庁舎の跡地活用が課題となっていた。市はこの跡地を子育て支援や市民活動支援などの機能を持った公共施設として2012年冬にオープンさせる方針を立てていた。そこで，建物や広場の改修設計から施工，さらには12年間に及ぶ施設の管理運営の業務を担う民間の企業体をプロポーザル方式によって募集した。studio-Lは1つの民間企業体の一員として参加し，市民活動支援のプロセスマネジメントの新たな提案を盛り込んだ。審査の結果，立川市とパートナーシップを組む民間企業体として選定され，本プロジェクトがスタートした。

2）施設オープン前からのプロセス

　この新たな公共施設は，立川のさまざまな市民活動団体などのコミュニティが市民参加型のプログラムを展開する「活動の舞台」とし，施設の運営面も含めて主体的に参画できる仕組みづくりを目指した。また，立川が「マンガの聖地」であることを生かし，それぞれのコミュニティがテーマとしている活動内容に「マンガの要素」を加えることで，市民の新たなチャレンジや成長の場となる可能性があると考えた。そのため，施設オープンの8カ月前の2012年4月から，子育て，環境，国際交流，スポーツ，食，そしてマンガなどさまざまなテーマを持つ34の市民活動団体・サークルを対象にヒアリングを実施した。その結果，それぞれの団体が公共性の高い活動を展開している反面，新たなメンバーや活動への参加者を募ることに苦労していることや，プログラムがマンネリ化していること，他団体との交流や連携の機会がないことが明らかとなった。

3）既存のコミュニティが参加の意義を見出す

　各コミュニティへのヒアリングを終えると，9月から計3回のワークショッ

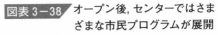

図表 3-37 マンガを意識してもらう
テーブルサイン

図表 3-38 オープン後，センターではさま
ざまな市民プログラムが展開

プを実施した。ヒアリング実施団体の市民を中心に毎回40名程度の参加があった。第1回は，参加者に「マンガ」を意識してもらえるように，テーブルサインのデザインや，アイスブレイクのクイズを立川が舞台となっているマンガに関する内容とした。また，ヒアリングで明らかとなったそれぞれのコミュニティが抱える苦労や課題について共有を行い，新しい施設で活動することでどのように解決されるのかについても確認した。さらに，それぞれのコミュニティが持つ特長や強みについても意見を出し合い，この施設で活動する動機を高めていった。第2回では，新しい施設をどんな場所にしたいか意見を出し合い，活動する上で大切にしたい想いを共有した。それらの結果を整理し，「多世代が集まる場にしよう」「つながりを大切にしよう」「社会性を意識しよう」「楽しんで自主的に活動しよう」「魅力的なプログラムをつくろう」という5つの活動コンセプトが生まれた。このコンセプトは市や運営者が定めたものではなく，活動主体となる市民自身がつくったことに意義があった。第3回では，改修工事が進む施設の内部見学を行うとともに，施設の設計図面をベースにして，どの団体が，どの場所で，どんな活動プログラムを実施したいか検討した。また，マンガの要素を加えたプログラムや，複数の団体が連携するプログラムの可能性についてもアイデアを出し合った。

4）市民活動コーディネーターの存在

　2012年12月，この公共施設は「立川市子ども未来センター」としてオープン

した。芝生広場や屋上などの屋外空間から，テラスやエントランスなどの半屋外空間，そして会議室やアトリエといった屋内空間まで，市民の多様な活動が展開でき，ワークショップの結果が空間や備品などにも反映されている。また，民間の自主事業としてセンター内には4万冊の蔵書を誇るマンガ図書館「立川まんがぱーく」が開設され，市民がプログラムを実施できるイベントスペースも配置されている。

　センターにおける市民活動のマネジメントで重要な存在が「市民活動コーディネーター」である。studio-Lのスタッフとヒアリングから見出された人材の3名が担うこととなった。コーディネーターの主な役割は，さまざまな団体が実施するプログラムの企画の相談対応やサポート，団体同士が協働するプログラムの提案，活動拠点となるスペースの管理運営などである。また，どんな団体が，いつ，どこで，どんなプログラムを実施するのかがわかるカレンダーの作成や，実施したプログラムの様子をニュースレターやWEBで魅力的に発信している。さらに，市民がセンターの運営に参画する仕組みとして，センター利用における課題解決や新たな活用方法を考えるワークショップの企画や，各団体・市の担当課・有識者などによる運営協議会の事務局なども担当している。毎年の成果は「アニュアルレポート」にまとめ，新たにセンターでの活動を希望する市民には必ず目を通してもらうことで，活動コンセプトやプログラム実施の要点など，これまでの蓄積を共有できる媒体として活用している。

5）多様な参加や協働のあり方

　施設オープンの2年目からは，市民が個人単位でもセンターの運営に参画できる仕組みづくりを進めている。センター運営のボランティア養成プログラムが実施され，ここでチームをつくった市民メンバーが，それまでコーディネーターが担っていた情報発信やワークショップのファシリテーターを担う流れも生まれている。1人のボランティアメンバーはマンガ好きの趣味を生かして「立川まんがぱーく」で「マンガコンシェルジュ」となり，センターに訪れた市民と対話する中で，その人におすすめのマンガを紹介している。また，2年目になるとマンガの要素を取り入れたプログラムも増えてくる。「まんがトーク！」は毎回1つのマンガをテーマに語り合い，「ONE PIECE」の回では小

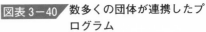

| 図表 3−39 | 市民がマンガコンシェルジュとして活躍 | 図表 3−40 | 数多くの団体が連携したプログラム |

学生から40代の社会人までが参加し，多世代交流の場づくりにもなっている。さらに，市民の活動は徐々にセンター内だけには収まらず，近隣の商店街や駅の商業施設と連携したプログラムへと発展していった。センター内で森林問題について学ぶとともに多摩産の間伐材を使って打楽器を制作し，その後駅ビルへ移動してプロのアーティストとともに数百人の観客の前で演奏するプログラムも人気である。加えて，年に1回は多くの団体が連携してプログラムを実施する「フェスティバル」も実施している。準備段階からワークショップを重ね，得意なことをシェアしながら新たなプログラムが生み出されている。

6）市民の新たなチャレンジの舞台

　2017年度にはセンターで51団体が年間344プログラムを実施している。オープンから5年が経って見えてきたことは，それぞれのプログラムが公共性を担保しながらも，より楽しく質の高いものへと進化していることである。当初は市民参加型のプログラムを実施することへの不安があった団体も多かったが，コーディネーターが相談に応じながら，試行錯誤や他団体との連携を重ねることで「自分たちできるんだ」という自信が生まれ，新たなチャレンジへとつながっている。立川市子ども未来センターは，市民活動を通じた学びや成長の場となる新しい公共施設のあり方として注目されており，今後も市民とともに育っていくことが期待されている。

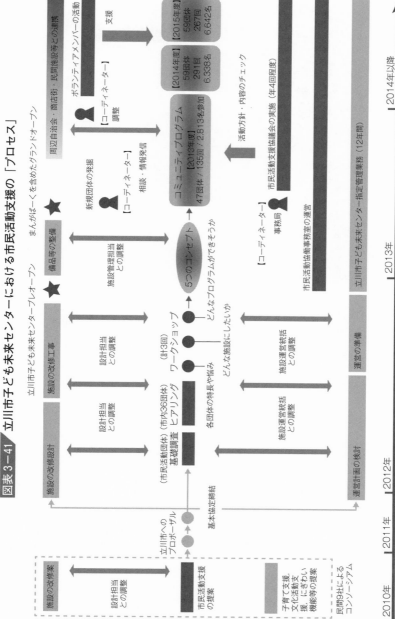

図表3-41　立川市子ども未来センターにおける市民活動支援の「プロセス」

3-3／多様であることから学び合う
「長野県白馬村 総合計画策定の取り組み」

1）多様な側面を持つ村

　白馬村は人口約8,700人（2019年現在）の長野県北西部に位置する村である。北アルプス白馬連峰の麓にあり，冬はスノーリゾートとして知られ，夏は登山で多くの観光客を魅了してきた。一方で，日本の原風景ともいえる農村景観が残る地区も有している。2014年11月に発生した「長野県神城断層地震」では住家の全半壊77戸という甚大な被害があったが，近隣の住民たちが倒壊した家屋の中から下敷きになった住人を助け出した。1人の犠牲者も出さなかったことは「白馬の奇跡」と評されている。また，近年は海外からの観光客や季節滞在，移住者の増加も顕著となっている。ウィンタースポーツにおいて白馬の雪は非常に質が高く，WEBでの口コミやSNSで世界中にその情報が広まったことも一因だといわれている。このように白馬を訪れる人や生活の拠点とする人の多様化も進んでいるなか，白馬村では今後10年間の村づくりの指針となる総合計画を村民との協働によって策定することとし，studio-Lは2015〜2016年にかけて村からの業務委託として支援を行うこととなった。

2）外部の影響から多くを学んできた村

　白馬村における基礎調査やフィールドワークを進める中で白馬村における「多様な側面」が見えてきたが，2015年10月から開始した村内の団体や個人にするヒアリング調査では，さらに白馬村特有の課題も浮かび上がってきた。高度経済成長期にスキー観光客は急増し，オリンピック開催決定も重なったこともあり，スキー場や宿泊施設の増設・拡大に多額の投資を行うことになる。1990年頃にいわゆる「スキーブーム」がピークを迎え，白馬村にも首都圏や関西圏からを中心に多くのスキー客が押し寄せることになった。しかし，その後は観光客の数は減少のステージに入っていく。スキーブームの終焉とともに，バブル崩壊や少子化の進展などが重なり，これまで投資してきたインフラが負担となり，その整理や処理のために多大な苦労を重ねてきた。1991年からの20年間を日本における「失われた20年」と表現することがあるが，白馬村はまさ

にその影響が目に見えて現れてきた村なのである。近年はインバウンドの増加
も見られるが，その流れに乗って同じようなことを繰り返せばこれまでの経験
が生かされないことになるだろう。考えてみれば，ベビーブームやスキーブー
ム，オリンピック，東京資本の参入，その後のバブル崩壊，少子化，地球温暖
化，インバウンドなどは白馬村が自ら起こしたものではない。外部からの影響
を受けやすい村であることを認識しながら，「失われた20年」ではなく「学ん
できた20年」と考え方をポジティブに変換すること。これが今後の計画の理念
をつくる際に重要となると考察した。

3）「通常の参加」が難しい地域でのワークショップ

　2016年2月には村民参加の総合計画策定のための第1ステージのワーク
ショップを実施した。白馬村の村民の多くは観光業などの自営業者である。こ
の頃は繁忙シーズンでもあり，普通にワークショップを企画しても村民の参加
は難しいと思われた。そのため，村中心部の公共施設にいつ来ても自由に意見
を出せる「カフェ」をつくり，夜はそれらの意見をネタに対話する「キャン
プ」を3日連続で運営した。その結果，100名近くの村民から約400の意見を募
ることができた。ここで見えてきたことの1つとして，白馬村の人たちは村外
の人たちとの多くのつながりを持っていることであった。筆者も学生時代に大
阪から深夜バスに乗って白馬のスキー場に通って想い出をこの村でつくってき

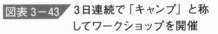

図表3-42 いつ来ても意見が出せるカ
フェブース

図表3-43 3日連続で「キャンプ」と称
してワークショップを開催

た。「白馬ファン」が村外にたくさん存在することは，今後の村づくりにおいて大きな価値を秘めていると思われた。

4）「私たち」の概念を拡げてつながるプロセス

　村外の「白馬ファン」も一緒になって白馬村の未来について考え，計画策定後も白馬村を応援してもらい，さらには村民とともに新たな取り組みを進めていく新しいコミュニティのあり方を模索できないだろうか。そのために設計したプロセスが第2ステージのワークショップである。5月の第1回は白馬村で村民を対象として実施し，新しい総合計画の理念について共有を行った。そして，7月の第2回は白馬村の総合計画がテーマであるにもかかわらず，東京の六本木でワークショップを開催した。白馬村が好きであり，今後の村づくりについて考えたい人をSNSなどで募ったところ90名もの参加があった。プロスノーボーダーの若者や，白馬村での出会いから結婚に至った女性などが，自分たちが貢献できることについて熱く意見を交わした。さらに，8月の第3回では，東京での参加者に白馬まで足を運んでもらい，ツアーを実施してイメージを膨らませてもらった上で，村民との合同のワークショップを実施した。村民・移住者・ファンなどが一緒になって取り組む活動アイデアを発想し，その実現へのプロセスについて話し合った。新しい計画の主体となる「私たち」の概念は，役場や既存の村民だけではなく，移住者や村外の白馬ファンも含めて考えていくことに大きな可能性を感じることができるプロセスとなった。

5）　白馬の豊かさを問い続ける次の10年に

　2016年10月にまとめられた白馬村の新しい総合計画の基本理念は「白馬の豊かさとは何か」である。暉峻淑子の名著『豊かさとは何か』[23]が刊行されたのは1989年で，白馬村はスキーブームの絶頂期にあったが，そこから20年余りで村民は多くのことを学んできた。総合計画の理念は通常「どういったまちを目指すか」という目標となるタイトルを設定するが，白馬村のこの計画では疑問形で，計画としては珍しいタイトルとなっている。これは，変化が激しい時代の中にあって，「豊かさ」について常にみんなで問い続ける10年にしていくという意思が表されたものである。そして，さまざまな意味で「多様であるこ

図表 3－44　東京で「白馬ファン」を対象にワークショップを開催

図表 3－45　計画策定後、村では移住者向けの日本語教室が開催されている

と」を強みとして，価値観や考え方，文化などを学び合いながら次の時代を創っていくことを目標として設定している。

6) プロセスから未来を見出す

　現在，白馬村ではこの第5次総合計画の理念や目標に基づいた取り組みが進んでいる。生徒数の減少により存続が危ぶまれていた白馬高校では国際観光科を新設し，都市部など村外からの入学も募ることで多様な生徒たちの学び合いの中で次の時代の人材育成を行っている。また，定期的に開催している白馬ファン交流イベントや，返礼品として白馬高校の先生を担える権利が得られるふるさと納税など，村外の人たちのつながりや活動を生み出す仕組みづくりも進んでいる。さらに，災害多言語支援センターの設置や，移住者向けの日本語教室と移住者による英語講座など，海外からの移住者の課題解決や活躍の場づくりも始まっている。加えて，村外からワークショップに参加していた若者たちが白馬村で起業し，空きビルをカフェやゲストハウスにリノベーションした交流の場も生まれている。白馬村の総合計画策定では，新しい時代のつながりのあり方を探りながらプロセスを再構築したことで，未来のコミュニティの可能性を見いだすことができ，多様な「私たち」が歩みを進めている。

図表 3－46 白馬村総合計画策定の [プロセス]

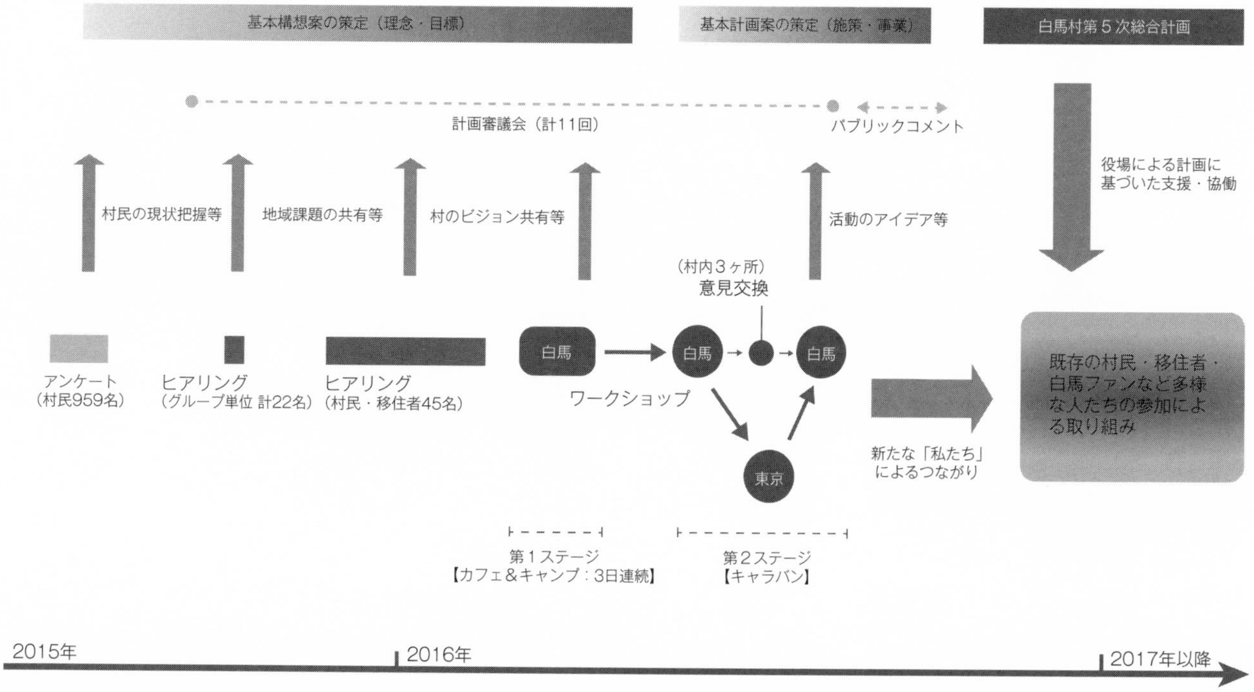

基本構想案の策定（理念・目標）

基本計画案の策定（施策・事業）

白馬村第 5 次総合計画

村民の現状把握等

地域課題の共有等

村のビジョン共有等

活動のアイデア等

役場による計画に基づいた支援・協働

パブリックコメント

計画審議会（計11回）

アンケート
（村民959名）

ヒアリング
（グループ単位計22名）

ヒアリング
（村民・移住者45名）

ワークショップ

白馬 → 白馬 → 白馬

東京

（村内3ヶ所）
意見交換

新たな「私たち」
によるつながり

既存の村民・移住者・白馬ファンなど多様な人たちの参加による取り組み

第1ステージ
[カフェ＆キャラバン：3日連続]

第2ステージ
[キャラバン]

2015年　　　　　2016年　　　　　2017年以降

●注

1　Town Management Organizationの略。中心市街地における商業まちづくりをマネジメントする機関。

2　山崎亮（2012）『コミュニティデザインの時代』中公新書。

3　リチャード・フロリダ著　井口典夫訳（2014）『新クリエイティブ資本論　才能が経済と都市の主役となる』ダイヤモンド社。

4　ブータンのGNHでは構成要素として，環境の多様性，生活水準，精神的な幸せ，健康，時間の使い方，教育，文化の多様性，ガバナンスの質，地域コミュニティの活力の9つが示されている。

5　「第4次海士町総合振興計画　島の幸福論」（2009），「第5次佐川町総合計画　チームさかわ　まじめに，おもしろく」（2016），「荒川区基本計画」（2017）。

6　M.チクセントミハイ著　今村浩明訳（2000）『楽しみの社会学』新思索社。

7　日本の統計が閲覧できる政府統計ポータルサイト
https://www.e-stat.go.jp/

8　赤瀬川源平・藤森照信・南伸坊（1993）『路上観察学入門』筑摩書房。

9　加藤文俊（2009）『キャンプ論　あたらしいフィールドワーク』慶應義塾大学出版会。

10　中野民生（2001）『ワークショップ　新しい学びと創造の場』岩波新書。

11　山内祐平・森玲奈・安斎勇樹（2013）『ワークショップデザイン論―創ることで学ぶ』慶應義塾大学出版会。

12　木下勇（2007）『ワークショップ　住民主体のまちづくりへの方法論』学芸出版社。

13　現・（財）世田谷トラストまちづくり。

14　世田谷まちづくりセンター（1993）『参加のデザイン道具箱』シリーズ。

15　Keep（今後も続けること），Problem（認識した問題点），Try（次に挑戦すること）を共有するワーク手法。付箋紙とホワイトボードなどを使って進めることが多い。

16　ジャスパー・ウー著　見崎大悟訳（2019）『実践　スタンフォード式　デザイン思考―世界一クリエイティブな問題解決』インプレス。

17　様々な地域課題（イシュー）を見出し，それらの因果関係をマッピングすることで，鍵となる課題や，最初にアプローチしていくべき課題を明らかにしていく手法。

18　未来の理想の暮らしやまちのあり方などについて，一人ひとりが詩（ポエム）のように文章化し，それらを共有していく手法。

19　堀公俊（2004）『ファシリテーション入門』日本経済新聞社。

20　今村光章（2014）『アイスブレイク―出会いの仕掛人になる』晶文社。

21　ワークショップにおけるリーダーとメンバーの信頼感を高めるための手法のひとつ。

22　リムボン＋まちづくり研究会（2009）『まちづくりコーディネーター』学芸出版社。

23　暉峻淑子（1989）『豊かさとは何か』岩波書店。

第4章

つながりを支える「組織」

　私たちが考えるコミュニティづくりは，"地域内外の多様な立場の人と人とが垣根を越えて出会い，そこから思いもよらない新しいビジョンや活動の「社会的創発」が次々と生み出される状態をつくることである"と本書の「はじめに」で示した。では，そうしたコミュニティづくりを支える組織とはどのようなものだろうか。組織は存在し続けることが目的ではなく，まだない新しい現実を仲間とともに手に入れるために存在する。

　本章では，まず地域で暮らす当事者の視点から組織の捉え方を整理する。次に，これだけは知っておきたいコミュニティづくりに関する組織の歴史や組織の特性を把握する。その上で「社会的創発」を側面から支える「中間支援組織」という新たな組織形態の意義や役割を，事例から確認する。最後に組織マネジメントについて組織が成長していく時間軸に焦点を当て，どのような点がポイントになるのかを紹介する。

1／つながりを支える組織

1-1／コミュニティマネジメントにおける組織とは

1）1人ひとりの"こうなったらいいな"を支えるのが組織

　住み続けたくなるまちとはなんだろう。①暮らしていくのに不自由が少ない。そして②居場所や出番があって，自己実現を図る多様な機会がある。こうしたまちは，そうでないまちに比べて住み続けたい人も多いのではないだろうか。では，そうした状態は誰がつくるのだろうか。初めからそこにそうした状態があるのではない。そこに住む人が仲間とともにつくり出すのである。そうするとき，私はまちを楽しみ，さらに住み続けたくなるまちになるのではないだろうか。

　①暮らしていくのに不自由が少ないとは，"自らが構想するありたい自分や暮らしがあり，それを手に入れられやすい"という状態である。ここには2つの力「自らの構想する力」，「構想したものに向けて現状とのギャップを埋める力」が必要である。ギャップを埋める力というのは自らのお金や知識である場合もあるし，誰かに支えてもらったり，支えてくれる誰かにつながる力でもある。たとえば，住民の共通する不自由なこととして，子どもの通学時が危険で不安だ，季節のイベントがなくて寂しい，といった例があるだろう。こうしたとき，同じ思いを持つ人がつながり，仲間をつくり活動を生み出す。そして継続したい，外部からの支援がもっと必要だ，となれば組織をつくる。組織は資金や担い手などを確保・調整し，"1人ひとりのこうなったらいいなを支える"のである[1]。

　多様な資源を確保・調整したりするという点では，コミュニティマネジメントが注目する「生態系」という観点からみれば，その組織だけが良ければいいというわけではなく，地域社会の中の多様な人の参加や活躍，お金の循環，そして誰にとっても安心であるなど，どこかに無理が生じない，つまり持続可能な循環をつくりだすことが重要であり，組織は循環の調整係のような役割を果たすと捉えることができる。

2）目的の重なりが組織を生む

　では，1）の②居場所や出番をつくるにはどうしたらよいだろう。ここでは，「居場所や出番」と組織との関係から整理しておこう。

　図表4－1を見てみよう。たとえば「趣味」でつながる（すでにあるサークルやプロジェクトに参加する。自分たちでそれらをつくる）。子育て中の母親のサロンや介護者のサロンのように，同じ悩みを持つ「当事者」たちがつながる。あるいは「学習」を目的として，行政やコミュニティセンターが行う講座に参加したり，自ら企画して仲間とつながりをつくる。

　このように共通の関心や困りごとで集うことで，安心感のある「居場所」となりやすい。そして得意なことや経験を語れば，それは「出番」となるはずだ。このように「居場所や出番」が多彩にある地域では，つながりが生まれやすく，仲間をつくる機会も多い。それらのうちのいくつかは，活動の継続や発展を目指して目的が整理，共有され，組織の体裁を整えていく（図表4－1中の組織）ことになる。

図表4－1　目的の重なりが組織を生む

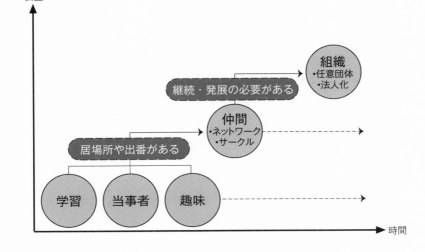

3）組織化の実際

　"組織になる"際には何が必要だろうか。どのような手順で組織になり，組織になる際に何を準備すればよいのか，ここでは経済的な利益の最大化を目的としない公益的な活動を前提として整理してみたい。

　まず，第1に「社会ビジョン」と「組織ビジョン」を中心メンバーで構想し，「個人のビジョン」も合わせて共有する。組織はこのプロセスが最も重要である。1日や2日議論して決まるものでもなく，何カ月も議論して決めていくこともある。このプロセスをいい加減にすると，「私たちはどこに向かっているのか」「何がしたいのか」がわからなくなり，力を合わせて取り組む意味がなくなる。組織を設立するときだけでなく，走り始めて3カ月，1年，その後も毎年確認し合うことが大切である。たとえば10年後こんな地域社会になるといいな，そこに自分の組織はこんな状態でAやBの関わりができるといいな。そして自分自身の将来のありたい姿を重ねるのである。

　ビジョンが共有されたら，次に考えるのは，組織としてのミッションである。地域社会に対して自分たちがどういった価値を提供するのか，各事業を通して何を成し遂げようとする集団なのかを示すのである。たとえば「これまでにない地域交流の実践プログラムを提供し，人と人，組織と組織の新しい関係性を創り出す」といったように，自分の組織が地域社会に提供できるものを示す。

　こうしたビジョン，ミッションをつくり出すことができたら，それらを叶える事業を具体的に企画し実施していく。このように書くと随分と壮大で面倒なプロセスを踏まなければならないように思うかもしれないが，ビジョンやミッションを持たない組織はないといっても過言ではない。ただ，最初からこうしたビジョンやミッションがなくとも，気の合う仲間とやりたいことを続けていき，いくつかのことを実現していく中で，ビジョンやミッションのようなものが生まれてくる，あるときそれを明示的に示すタイミングが訪れ言語化するといった進め方もできよう。

　組織としてのビジョンやミッションが共有されたら，次に必ず行うことがある。これらを準備しないと，その集団は，ただの仲間内の付き合い程度のグループと見られてしまうだろう。①会則，②事業計画と事業報告，③予算と決算である。②や③は健全な経営を証明する上で重要であり，これにより信頼性

が高まり，賛同者が増えることにつながる。

　次に，実際はどのような理由から組織化するのかについて典型的な例から確認してみよう。まずは，①活動の継続を考える際である。たとえばこんなことがある。代表者が変わっても活動を続けていきたいし，地域にとって残していきたい活動だ。こうしたとき，メンバーを増やし，役割を持ち合いながら活動を継続できるように組織を整えるのである。次に，②信用を高めたいときである。1人の想いのある人が，自分の考えや活動の素晴らしさを熱心に訴えたとしよう。初対面の人だったらどうだろうか。話しを聞く立場から考えれば，「この人の言うことは本当だろうか」「仕事を任せても大丈夫だろうか」など疑問を持つだろう。その場合，会則などがあり，一緒に活動する仲間がいて，責任を取る体制もできているとなれば，信用度は増すだろう。さらに行政や企業に③補助金・助成金を申請するときである。申請の条件として個人ではなく組織であることが要件になっている場合がほとんどであろう。そしてこんなときにも組織化を考える。④銀行口座の開設，保険などの契約をしたいときである。代表が変わるたびに口座を変更したり，契約を変更するのは面倒であるし，財産を持っている場合は，新しい代表へ引き継ぐ場合に相続税がかかる場合もある。

COLUMN　パーソナルネットワーク

　地域コミュニティやアソシエーションとは別に，個人を中心とするパーソナルネットワークにより生活機能を充足する議論がある。C.S.フィッシャーの「友人に囲まれて住まう－町と都市におけるパーソナルネットワーク」が最初である[2]。フィッシャーは，都市度の高い地域の住民は，そうでない地域の住民と比較して相対的に親族や近隣のネットワークの量を減らし，個人が選択的に獲得した友人ネットワークの量が多くなるとし，現代都市社会の様相を提示した。日本でも多くの研究があり[3]，主に都市度が高いほど中距離（30分以上2時間以内）友人数が増大することを示している。まちづくりの観点から捉えると，こうした友人ネットワークが，地域的・社会的な関心を持ち，生活問題の解決や地域活性化のためのネットワークに発展することもあると考えられ，現代社会におけるまちづくりの主体として期待できる。

　一方で，パーソナルネットワークに対して，ネットワークはどの程度持続可能であるのかという疑問や，教育歴や所得によってパーソナルネットワークをつく

る機会に差が生まれるではないか，またパーソナルネットワークの浸透は，中央集権化と過度な個人主義を助長し，自治会やNPOを無力化させ，公私の乖離を生むのではないかといった批判もある。

1-2／社会が変わり，組織も変わる

1）既存の「行政」「市場」「地域・家族」システム

　この先の私たちの社会はどうなるだろうか。行政は，地域社会のニーズの複雑困難化や財源が縮小するなか，これまでのような手厚いサービスを行うことを諦めざるをえない。市場は，世帯規模の縮小や人口減少により，これまで通りの市場を維持できない。たとえば，スーパーマーケットやガソリンスタンドの撤退，バス便の減少などである。既存の地域組織や家族に期待したいが，地域組織は担い手の減少や固定化などにより今以上の活動を十分に期待できない。家族はどうかといえば，世帯規模の縮小やライフスタイルの変化により，家族内の助け合い機能が弱体化している。つまり，"「行政」「市場」「地域・家族」は，このままでは，私たちのこうなったらいいな（地域社会のニーズ）に対応できない"ということである。**図表４－２**で確認してみよう。三角形は小学校区程度の地域社会とする。そこには多様なニーズが存在する。行政，市場，地

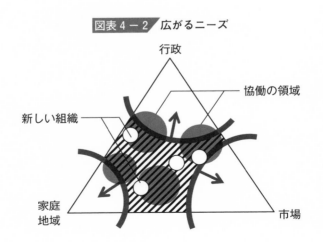

図表４－２ 広がるニーズ

域・家庭がそれぞれの力を発揮して三角形のなかの斜線部が残らないようにしたいが，各主体の力は十分でなく，それどころか，貧困や認知症介護，防災などの新たな問題も出現し面積が広がっているのである。これが現在である。つまり，それぞれの主体が自分たちはどのように変わることができるのか，また新しい制度や組織，活動はいかにあるべきなのかを考えなくてはならないのである。

2）新しい制度，組織，活動

　新しい制度：こうした状況を踏まえ，まずは地域づくりや住民自治に関する制度面について概観してみたい。2000年前後以降に地域，民間，行政の力をより生かそうとする制度が数多く生まれている。1998年施行の特定非営利活動促進法（NPO法），2000年施行の介護保険法，地方分権一括法，また2006年の公益法人制度改革，会社法などである。ひとことでいえば新たな担い手や活動を生み出すための制度である。ここで地方分権一括法の施行以降，全国で聞くようになった自治基本条例について確認しておこう。

　「まちづくり条例」「市民基本条例」など名称はさまざまであるが，主旨は，住民自治に基づく自治体運営の基本原則を定めた条例である。「自治体の憲法」とも言われる。全国で増え続けており，390以上の市町村で制定されている（2020年4月1日現在）[4]。本章との関係でいえば，住民自治を進める上での市民・まちづくり組織と行政との関係，そして市民・まちづくり組織に対する支援方策を示したものといえよう。条例を定める意義は，"自らの住むまちの今後のあるべき姿を示し，市民と行政が共有することができる""制定過程や制定後の運用にあたって住民の参画が進む""市民の自治意識の向上や新たな連携・協働が生まれやすくなる。"といったことである。また次のような内容で構成されていることが多い。市政運営の方向性・将来像，市民の権利（生活権，市政への参加権，情報公開請求権など），市（首長，職員），議会，市民，事業者，それぞれの責務，住民参加の手続き・仕組み（住民投票の仕組み），市民協働の仕組み，NPOへの支援方法などである。自治体内の分権化や住民自治を進めるための条例であるが批判もある。そもそも市民が知らない。一部の市民（プロ市民と呼ばれることもある）の参画が進むだけではないか。理念

的過ぎて現実的な効果が薄いのではないか。「市民の範囲」が適切ではないのではないか。といった批判である。また，新たな制度の意義を理解する際には注意が必要である。行政，そして既存の地域組織やNPOのリーダーは，これまでの関係性の中だけで（たとえば自治会と役所の所管課），自らの施策や事業を進めやすくするための道具になっていないか注意が必要である。これらの制度の要点の1つは，新たな市民層が力を発揮しやすい環境をつくり出すことにある。

COLUMN　参加には段階がある〜参加の梯子〜

　住民参加の概念については，1969年，米国の社会学者のS.アーンスタインが「参加の梯子」という表現でわかりやすく説明している。図表4−3の下2段はそもそも参加と呼ばない状態である。この図は行政と住民の関係を示しているが，組織運営における参加メンバーと組織の関係にも同様なことがいえる。参加の梯子は，主体的に関わるとはどういうことかを教えてくれる。

図表4−3　参加のはしご

シェリー・アーンスタインの8段階		具体的な内容
住民の力が生きる参加	住民直接管理	住民が主導し，行政は補完する
	権限委任	住民に権限が与えられる
	協働	目的や目標が共有され，対等な関係で分業する
形式的な参加	懐柔	行政の意向に沿わない意見が反映されない
	意見聴取・協議	意見をする機会が用意される
	情報提供	一方的に情報が提供される
参加とは言えない	ガス抜き	緊張緩和，不満回避のための発言機会などが用意される
	操り	世論操作されている

出所：S.アーンスタイン（1969）。「具体的な内容」は筆者作成。

　新しい組織：図表4−2で示した新しいニーズに対応するのが図中の○印で示したNPOやコミュニティビジネスなどである。また，自治会などが，自らを再構築し，事業性をもち，送迎サービスや地域食堂をつくり出すところも出てきている。法人の形態としては，NPO法人以外に，設立のしやすさや事務手続きの簡便さから一般社団法人，さらには出資者＝経営者といった営利会社の新しい形として合同会社なども生まれている。これらも新しいニーズに対応

する担い手として期待されている。現在，そうした新たな組織の設立や活動の支援，さらにはより多くの人たちがそうした組織や活動に関わるような普及・啓発をすることを目的として，市民活動支援センターやまちづくりセンターが，全国の市町で行政主導のもと設置されている。

　図表4－4は，地域組織を整理したものである。組織形態が多様化していることがわかる。戦後から続く組織もあれば，最近誕生したものもある。また，固定的な組織をつくらず，ゆるやかなネットワークを維持しイベントなどの活動を行う例，既存の自治会や商店会ではない地域組織を自発的（勝手に）につくり，仲間と楽しみながら地域の活性化に取り組む例も見られる（章末の事例5-2項など）。

　新しい活動：2000年頃以降広がっているのが，「協働」「共創」という，行政と市民，行政と企業，市民同士などが，協力して力を発揮し合うことで，地域

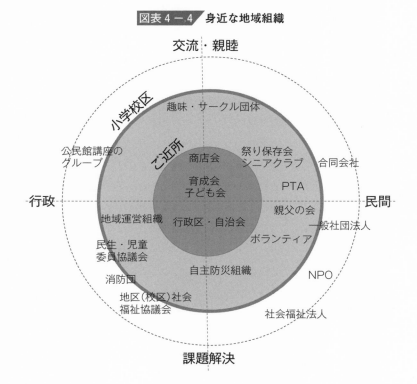

図表4－4　身近な地域組織

づくりや課題解決に取り組む活動のかたちである。まず，「協働」とは何かについて確認しよう。協働とは，"異なるセクターや組織が，共通の目的を実現するために，信頼関係のもと，対等な立場で，役割を持ち合いながら協力すること"である。図表4−2ではグレーの●部分である。協働といっても業務提携したり，委託契約を結んだりして取り組むものもあれば，市民やNPOが取り組むものに対して，助成金や先進事例を紹介する情報提供のような下支えの役割まである。また行政と市民の協働以外に，市民同士や，企業と市民の協働もある。

　協働の留意点を「協働の原則」としてまとめている自治体は多く，その原則は概ね次の5つに整理できる。

原則1：対等の原則
　　どちらかが下請けになってはならない。対等は新しい成果を生む。

原則2：相互理解の原則
　　互いの長所や短所，立場を理解しあうことで力を活かし合うことができる。

原則3：目的共有・相互評価の原則
　　協働して取り組む意義や目的を，都度確かめる。一緒に振り返りもする。

原則4：自主性・自立化の原則
　　それぞれの主体の自主性が大切である。また相互依存とならないようにする。

原則5：公開の原則
　　一部の人たちの特別な活動にしてはならない。情報を広く公開する。

　協働には，次のような効果がある。

　①新しい仲間を増やす：いつも同じメンバーで活動していると活動内容も固定化していく。たとえば，自治会の役員らを中心とする自主防災組織が，小学校のおやじの会と協働することで，保護者の視点を生かした防災訓練や危険箇所マップづくりを行うことができる。こうした経験を通して，お互いの活動に協力し合う人が出てくるなど，新たな担い手や活動の理解者を増やすことにつながる。

　②公共感覚を育む：楽しい地域をつくるということは，自分が楽しむことを

考えるだけでなく，他の人も楽しめるような配慮が必要ということだ。公共感覚というのはそうした自分以外の人の状況を想像する力である。異なる立場や価値を持つ人たちとともに行動する協働は，他者との差異を理解し，公共感覚を育む。

　③専門性を確保する：自分たちにない経験や専門性を手に入れることができる。自分たちだけで行うと解決できないことが協働により解決しやすくなり，活動自体の魅力もアップしていく。

　次に「共創」とはなんだろうか。ひとことで言えば，人と人，人と組織，組織と組織，など，これらのこれまでにない出会いをつくり，それによりこれまでの関係では生まれなかった思いがけない新しいビジョンやサービス，そして仕組みが生まれることである。つまりイノベーションが起こる状態を関係するアクターでつくり出すことをいう。こうした機会や場を地元企業や社会福祉法人，行政がつくり出す例が増えている。共創の効果について整理してみよう。

　①自らの新しい力に気づく：課題の解決に向かう主体や方法は1つではない。これまでの担い手や進め方に限界があることを前提に，当事者，企業，NPO，行政，大学などが垣根を越えて出会う機会を設ける。新しい出会いは自らの新しい力に気づく機会となる。

　②組織の自己変革を促す：新しいメンバーが自らの力を発揮し合うことで，これまでの延長にない地域の未来が浮かび上がることが少なくない。これまでとは異なる地域の未来，つまりビジョンをつかむことができれば，それに応答するために組織の自己変革を促すこととなる。

　③誰もが参加しやすくなる：地域の課題について議論を深めることができたとしても，それがいつもと同じメンバーで行っていたとしたら，そこから生まれるアイデアやネットワークには限りがあるだろう。共創がつくる機会や場は組織代表が集う場ではない。テーマに関心があれば誰もが参加できる。

2／コミュニティ組織の源流と現在

2-1／地域社会が持つ "つながりの原点"

　本節では，日本の歴史上，地域社会にどのようなコミュニティ組織があるのかを把握する。コミュニティ組織を整理する視点として，自己の成長や居場所に関する「学習・交流機能」，安全に，そして安心して暮らしていくための具体的な課題解決に関する「助け合い機能」，当該地域と外の世界をつなぐ，たとえば行政情報を住民に伝えたり，住民が合意形成を図り地域の総意として行政などに意思を伝えたりする「地域代表機能」の３つの機能に注目し，それぞれのルーツを探ることで地域社会が持つ "つながりの原点" を確認しよう。

1）学習・交流機能

　「講」：学習，交換機能を持つつながりの原点として講がある。講は，信仰・経済・職業上の目的を達成するためにつながった集団である。鎌倉時代以降に地域に浸透した。それぞれの目的は，信仰においては，１つは民族的なものである。五穀豊穣や集落内での作業の安全を願い，田植え期や収穫期に祭場に参拝し，あらかじめ決められた当番の家で飲食を共にする儀式がある。集落の人々にとっては，共同の利益を確認したり，親睦をし，つながりを実感する機会である。若者にとっては年長者らと時間をともにすることで，地域の歴史や信仰を学ぶ貴重な機会となる。もう１つは宗教的なもので，教義の普及や信者の結束のために，勉強会を開催したり，信仰の対象である寺社に代参人を立てて参詣するものである。経済上の目的のためにつくられた講は，金融講と労働講に大別される。金融講は，現在でも沖縄においてこうした慣習（モアイ（模合））が残っている。後者の労働講では結（ゆい）が代表的なものである。原則は労働力の交換である。２）助け合い機能で後述する。職業上の講は同業組合的な要素が強い。

2）助け合い機能

　「結」：助け合いの機能を持つつながりの原点として結がある。茅葺き屋根の葺き替えや田植，収穫など，共同の力に頼らなくてはならない場合に助け合う共同労働の形態のことである。現代で言えば地縁にもとづく「ご近所づきあい」ともいえるだろう。また，各地区から人を出し合い組織される消防団も結の1つの形といえる。類似のものに「催合（もやい）」があるが性格が異なる。もやいは「共にあるものが共に事を行う，あるいは共にもつ」に対し，「ゆい」は「共にはないが，たがいの約束にもとづいて共に事を行う」という違いがある。もやいは共同で所有することや共同作業の行為のことを指し，結は労働力を交換するといった契約に着目したつながりである[5]。

3）統治機能

　「惣」：統治機能を持つつながりの原点として惣がある。自治組織の総称である。特に，室町時代に見られる村落の運営主体のことを指す。惣の字は「すべて」，「全体」の意味を持つ。入会や水利の管理運営・村落の自衛などにあたった。惣は農民にとって，日常の生活や生産活動の上で大きな意味を持つとともに，領主に対する闘争を行う上でも重要な役割を果たしていた。惣は惣有田・惣山などの財産を持ち（＊複数人で田や山を所有する），これを共同で管理し利用するとともに，それを惣の経済的基盤とした。

　「江戸時代の五人組」：江戸時代に近隣の5家を1組として連帯責任を負わせるための行政の末端組織である。この制度は律令国家の五保に起源がある。創置は1597年京都の治安対策上定められた五人組や十人組である。全国的に五人組が制度化されるのはそれから数十年後で，これは幕藩の支配体制の確立と関係がある。五人組の役割は，町方・村方における治安維持，法度の遵守，年貢完納，キリシタンや犯罪人の取締などを連帯責任で遂行するところにある。制度のねらいはどちらかといえば農民の支配や監視のための組織という性格が強かった。太平洋戦争直前に設置された隣組の制度は，この五人組を原型とするものである。

2-2／自治会とNPO

　私たちが暮らす地域社会を見渡すとそこにはすでにたくさんの地域組織がある。地域組織はその地域を映し出す鏡ともいえる。ここでは，これまでの日本の地域社会に幅広く組織された自治会，生活問題を中心として専門性を持ち地域を限定せず取り組むNPOについて，特性などを把握する。いずれも現代日本を語る上で欠かせない地域社会を支える組織である。一方で社会の変化とともに悩みも抱える。これからの地域組織のあり方を考えるために，まずはこれら2つを概括してみよう。

1）自治会（町内会や町会を含む）

　組織の特性：自治会は，身近な空間的なまとまりの中でつながった組織「地縁型組織」の代表的なものである。アメリカの社会学者M.クレソンが紹介するこんな事例がある[6]。アメリカのバルチモア市でごみ収集労働者のストライキがあり，まちがゴミだらけになってしまいそうだったときがあった。しかし，地区によっては，そうならず十分に衛生状態が保たれていたことを発見し，近隣社会の持つ自治機能に着目した。このように地域的まとまりの中で，多くの人に関係し，実現したい状態がある。その状態に向けて，そこに住む人たち自らが取り組む必要があれば，そこには自治機能が必要だということになろう。そして自ずとその機能を持続的なものにする主体が必要となる。空間的なまとまりは，数十軒から学校区単位まで規模はさまざまであるが，そうした自治機能を持つ組織の代表例が自治会である。次のような特性を持つ。①一定の範域を持つ。つまり複数の自治会が重なるエリアはない。②世帯を単位として構成される，③全世帯加入を目標とする会員制であり，会費を集める。そして会則がある。④地域の諸課題・活性化に包括的に関わる，⑤これらの結果として，行政や外部に対して地域を代表する性格を持つ。現代の自治会の活動の内容は，**2-1**項で示した「学び・交流」「助け合い」「地域代表性」が，時代の流れとともに合わさり，発展したものと考えてよいだろう。

　課題と展開：役員のなり手がいない。活動が楽しくない。近所づきあいが面倒だ。一人暮らしのサラリーマンや，子ども・お年寄りのいない家族には必要

ない。組織運営がブラックボックス化していて会計や役員の決め方が不透明だ。こうした課題や批判は少なくない。地域によっては自治会を休会とし，自主防災組織のみを有志で取り組む例もある。また，業務を徹底的に見直し，祭りや運動会のような親睦・交流事業をやめ，危険箇所の改善，ゴミステーションの管理など最低限の活動にスリム化する自治会もある。一方，地域食堂やコミュニティカフェを運営したり，自治会館の部屋を貸しスペースとして，十分な利用料を得るなどして自主財源を確保し，雇用を生み出すなど，企業のような経営を展開する例もある。

COLUMN　自治会成立の歴史

　自治会の特徴を理解するために，自治会成立の歴史をごく簡単に把握しておこう。それは戦前，戦中，戦後に大きく分かれる。戦前については，2-1項を参照されたい。地域を代表する組織があったというよりは，目的に応じてコミュニティがつくられていたことがわかる。時代とともに権力者による統治という観点から全国共通の末端組織がつくられてきた。近代自治会のルーツとして，地域社会学において概ね共通認識とされているものに，江戸時代の五人組がある。近隣の5戸程度を1つの組として，年貢の確保，法令の伝達，その他相互監察などを目的として組織化した。

　明治期に入り，地方自治制の成立過程において，大幅な町村合併が進められるなか，旧町村を「行政区」として区長を置き，従来の生活・生産・自衛の単位として，行政の補完組織として機能を持たせた。行政区はその後，大正・昭和の時代の都市化とともに範囲が再編されるなどし，自治会や部落会として整備されていくこととなる。その後，太平洋戦争直前の1940年に当時の内務省の指示により，大政翼賛会の最末端組織として統一的に掌握されることとなった。市には「町内会」，町村には「部落会」が国によって整備された。これを自治会の起源と捉える場合もある。防空，動員，言論統制など戦争遂行に大きな役割を果たした。自治の性格は薄められ，国策遂行のための末端機能を担った。

　戦後，GHQにより非民主的な組織であるとして，1947年に廃止・解散が命じられた。1952年のサンフランシスコ講和条約により自治組織が解禁され，自治会が再組織化された。ここで重要なことは，地方自治法第260条の2に明記されているように，"地縁による団体を，公共団体その他の行政組織の一部とすることを意味するものと解釈してはならない"つまり，行政とは無関係であると位置付けられたことである。現実には，市町村で，自治会長個人を行政協力員に任命するなどし，市町村行政と密接な関係を維持しているところも少なく

ない。
　なお，「コミュニティ」という言葉は，1969年の国民生活審議会報告「コミュニティ～生活の場における人間性の回復～」において日本で初めて公的に示されたものであるといわれる。この後に誕生したコミュニティ施策では，地縁的で封建的なコミュニティというよりは，新しい市民層の台頭や，既存のコミュニティとの合流を目指す事業（市民参画によるコミュニティセンターの建設やコミュニティリーダーの養成）が数多く示された。

２）NPO

　組織の特性：NPOは，子育て，福祉などさまざまな分野で活躍している。1998年に特定非営利活動促進法（以下，NPO法）が施行された。法人格を有するものがNPO法人である。NPOを非営利団体と広義に捉えれば，社団法人，財団法人，社会福祉法人，協同組合，そしてボランティア団体もこれに含む。一方でサークル団体は入らない。NPOの持つ特性に①公益性があるが，ボランティア団体は公益性があり，サークル団体は自分たちの楽しみを目的とする共益的な活動と捉えられるからである。この他に次のような特性がある。②民間であること。つまり"政府や行政の支配に属さない"のである。住民の視点，ニーズを持つ当事者の視点で問題を共有し，解決を目指そうとする姿勢が重要なのである。次に③非営利性。この意味はよく誤解されている。収益はどれだけ得てもよいのだ。そこで働く職員は，民間企業と同じように，給与やボーナスを得ることができる。株式会社との違いを説明するとわかりやすい。株式会社は得た収益から経費（人件費や事務所家賃など）を引いた残りの利益は，株主に配当金として還元しようとする仕組みだ。つまり株主の経済的利益の最大化が目的となる。これに対してNPO法人は，経費を引いた残りの利益は，その団体が行う事業のために使用しなければならない（NPO法第5条1項）。④社会変革が目的であること。ここで重要なことは，目の前の困っている人を助けるだけにとどまらないということである。あなたの目の前で困っている人がいれば，他の場所でも同様に困っている人がいるだろう。つまり，その困りごとは，困っている人の問題であると同時に，社会が生み出した困りごとであるはずだ。だとすれば，その問題の解決に必要なサービスをつくり出したり，誰

もが使いやすくするための制度や法律が整備されるよう自治体や国に訴えていくのである。成熟する社会では，ライフスタイルや困りごとが多様化・複雑化するので，それに応えていくための新しいサービスや制度が必要である。NPOは，自治会では対応できない専門的な問題の解決に力を発揮するだろう。

　課題と展開：ここでは法人格を持っているか／いないかに関係なく，①〜④にあげた組織の特徴を持つ団体をNPOとして話を進める。人，もの（事務所など），金が十分にないのが多くのNPOの実状だろう。活動資金や設立時の事務所については，行政が助成金制度を設けるなどして積極的に支援する場合が少なくない。また人については，行政やNPO支援センターがNPOの理解促進や体験講座，またNPO運営者には，会計や労務に関する研修会を開催するなどしている。また，NPOについてこんな問題も指摘される。行政から委託事業を受託し続け，いつしか"行政の下請け業者"のようになってしまう問題である。特定の依頼者からの仕事しか受けなければ，いつの間にか依頼者の意向に沿うような仕事しかしなくなってしまうだろう。そうなると現場の視点，当事者の視点からの新しい提言や，依頼者と相反する意見を出しづらくなってしまう。冒頭に述べたようにNPOは，国や行政の支配に属さないことが活動原理として重要だ。もう1つの問題は，NPOの活動が一部の人たちにしか理解されず，またそうした一部の人たちだけが集まって，行政と公共を担ってしまうという"一部市民の特権化"の問題である。こうした事態に陥らないようにNPO実践者や協働する行政担当者は，活動内容を積極的に公開したり，情報発信をしなくてはならない。NPO活動の理解者，つまり裾野を広げ，参加しやすくすることを忘れてはならない。特別な人によるNPOにしてはいけない。

COLUMN　セツルメント

　19世紀後半に，主に貧困層が多く住む地域において始まった教育，育児，授産，医療など生活全般にわたり住民を援助する社会事業およびその施設のことをいう。お金や物資を与える援助ではなく，支援者が同地域に住み込み（settle）活動を生み出したり，支援する社会事業が有効だという考えのもと，オックスフォードとケンブリッジの大学生がロンドンのイースト・エンドにあるトインビー・ホール（1884年建設）で行ったのが最初とされる。日本では隣保事業ともいわれ，1891年に宣教師A.P.アダムスによって設立された岡山博愛会が最初

で，私立小学校や裁縫学校を開校するなどした。

2-3／ボランティア活動，サークル活動

　ボランティア活動は，ボランティア元年と呼ばれる1995年の阪神淡路大震災以降に急速に広がった。またサークル活動は1990年の中央教育審議会答申「生涯学習の基盤整備について」において示された生涯学習支援センターなどの施設が整うなかで，多彩な活動が生まれた。

1）ボランティア活動

　ボランティアは，ラテン語のボランタス（自由意思）を語源としており，自発性に基づく行動である，ということが原点である。「頼まれて仕方なく行う」「学校の授業の一環で奉仕活動を行う」は，ボランティア活動とは異なる。
　ボランティア活動の基本理念は，「自発性」「公共性」「先駆性」「非営利性」である。「先駆性」の意味を確認しよう。行政の取り組みとの違いを考えるとわかりやすい。行政が行うものは，中立公平な視点から幅広く市民に必要だという前提で税金を使い，平等に恩恵を受けることができる。一方，ボランティアが行う活動は，目の前のニーズや課題と向き合うなかで，柔軟な発想を持ち，何が必要とされているのか，どのような活動や仕組みが必要なのかを見出し，新たに創る活動である。すでにある制度や仕組みで解決できない新しい課題と向き合うことが少なくない。現在，法制度化されているものに，そうしたボランティア活動が発展したものは多い。たとえば2002年度から厚生労働省が取り組む「つどいの広場事業」は子育て中の親と子が集い，語り合うことで子育ての不安を解消する場を提供する事業であるが，もとは横浜のある地区で母親たちが商店街の空き店舗を使ってボランティアで活動していたものが，市で制度化され，その後，厚生労働省により制度化され全国に広がったものである。
　ボランティアの活動は多様である。たとえば，ご近所の一人暮らしのお年寄りに声かけしたり，子育て中のお母さんに近所で開催している親子サロンの情報を提供するのもボランティアといえよう。また1人で活動するものもあれば，共通の関心や課題をもつ人が集まりグループをつくり継続した活動を行うもの

もある。

2）サークル活動

　仲間と趣味や学習を楽しむ文化的・社会的な欲求を充足することを目的として自発的につくられた小集団活動である。集団で楽しみ学ぶことで，自己有用感や学習効果を高める機能を持つ。スポーツ，文化，思想，学習や技術の修得まで対象は幅広い。企業内のサークル，自治会などの地域組織をベースとして活動するサークル，公民館などの市民利用施設において活動するサークル，最近ではSNSなどでつながった仲間でイベントや学習会を行う活動もサークル活動に含んでよいだろう。また，政策上の位置付けを持ち，公民館が主催する講座を通してつくられるサークルもある。たとえば，子育てサークルはその一例である。公民館が主催する子育て講座に参加した母親らに，公民館の職員らのコーディネートにより，グループをつくり，そのグループに公民館を会場として，子育てに関するサロンや講座の企画・運営を継続的に担ってもらうというものである。ボランティア活動とサークル活動の違いは，ボランティア活動は公共的・公益的な目的を重視するのに対し，サークル活動はあくまで自己研鑽や活動メンバーの利益，つまり「私益」や「共益」が活動の目的となることであろう。ただし，それらは明確に分かれるものではなく，活動の展開の一側面と捉えることもできる。

2-4／これだけは知っておきたい身近な地域づくり組織

　ここでは，地域づくりを進める際に，知っておくとよい地域組織を紹介する。ここで紹介する組織は，全国どの地域にもほぼ存在するものである。特に福祉，子ども，シニアなどに関して，その地域のことを知ろうと思ったら，ここにあげる組織の人たちにまず話を聞いてほしい。キーパーソンを紹介してもらうのもよいだろう。

民生委員児童委員協議会	
親の介護の悩み，育児の悩み…。悩んでしまったら民生委員・児童委員に相談しよう。住民の目線で相談に乗り，行政や専門機関，地域のボランティアグループとのパイプ役となってくれる。地域の困った人の一番の味方なのである。	
主な活動	①高齢者や障碍者，子育て世帯など，地域住民からの相談に応じ，必要に応じて行政やボランティアグループなどの団体につなぐ　②社会福祉に関する制度やサービスに関する情報を，住民の立場に立って提供　③担当する区域内の，特に支援を要する住民の実態やニーズを日常的に把握　④民生委員児童委員協議会を通して，行政や関係機関に意見を提示　⑤住民が求める生活支援に関する活動を自主的に実施
財源	市町村の民生委員児童委員協議会では，民生委員児童委員自らが支払う会費，県支出金，一般財源，共同募金会配分金などが主なものである。

地区（校区）社会福祉協議会	
地区社会福祉協議会（以下，地区社協）は，地域の福祉に関係するボランティアグループとつながっている。地区社会協自らが，活動していることもある。福祉のボランティアのことならなんでも聞いてみよう。	
主な活動	①地域内の各ボランティアグループの活動を人的，財源的側面から支援　②自主事業として高齢者見守り活動や，地区の福祉施設と連携したイベントの実施　③市町の社会福祉協議会が実施する赤い羽根共同募金の集金の手伝いや，地域の福祉に関する普及啓発などの情報発信，研修への参加など 活動の特徴は，組織名にあるとおり，事業体ではなく協議体であり，地区の福祉・子育てに関する団体が集まっており，地域課題や各団体の活動などに関する情報が共有されている。
財源	市町からの補助金，参加団体からの会費，共同募金分配金，善意銀行寄付金が主なもので，これに自主事業収入が加わる。

シニアクラブ（老人会）	
高齢期を自分らしく豊かに暮らしたい。趣味や食事などを通した交流・親睦以外に，たとえば，悪徳商法，資産運用，さらには孤独死などを知る学習会や，地域の伝統文化や山林・公園の管理などのボランティア活動などを行っている。	
主な活動	活動内容は大きく２つに分かれる。「自らの生活を豊かにする活動」は，ゲートボールを始めとしたシニアスポーツや，手芸や健康麻雀などのサークル活動がある。最近では介護予防講座や健康体操を行っているところも多い。「地域を豊かにする活動（社会貢献活動）」は，高齢者の見守りなどの在宅福祉を支える活動を自治会や民生委員と協力して行ったり，花壇の整備，公園や公共施設の環境整備を行ったりする。これらの運営管理を自治体から委託事業として請け負う場合もある。また，郷土史の記録作成や伝統芸能の保存活動に取り組むこともある。

財源	会員からの会費が基本である。また，老人会は，1963年施行の老人福祉法において，「老人福祉の増進を目的とする事業」となっており，国や自治体から会員数に応じて補助金を受けている。この他，自治会から活動助成金を得ている場合もある。

育成会・子ども会

子どもの通学や放課後の安全が気になる。そんなときは，育成会・子ども会に連絡してみよう。育成会は季節の行事，登下校の見守りなどをしている。大人にとっては，地域の情報を交換したり，親同士の友人を作る機会にもなる。

主な活動	活動内容については，子ども自身の遊びや仲間づくりなどの活動とそれを進める上で必要な事業や予算を持つ独立した組織である。季節の行事などのレクリエーション活動や自転車教室などの安全活動，絵画や工作などの文化芸術活動などを幅広く行う。一方，育成会は，子ども会活動を側面から助ける組織である。つまり理念としては，親だけではなく，地域に住むすべての大人を育成者と捉え，地域の子どもたちの人間形成を図ろうというものである。子どもたちの活動の場の確保，道具や教材の整備，ジュニア・リーダーをはじめとした指導者等の発掘や養成，学校や地域団体との連携などがある。
財源	会員からの会費と自治会からの補助金が主なものである。

自主防災組織

日中，乳児と母親のみのお宅や一人暮らし高齢者のお宅に災害があったらどうしよう。そんなときに頼りになるのが自主防災組織である。昨今の頻発する災害の影響もあり，組織率も急上昇している。

主な活動	災害対策基本法で位置付けられる組織である。活動内容は平常時と災害時に分けられる。特に最近は，減災を進めるために，平常時における取り組みの重要性が指摘されている。行事としての避難訓練，消火訓練だけでなく，災害時の避難誘導，役割分担，普及啓発など地区の特性に合わせた防災計画づくり，また危険箇所や災害時の要支援者を記したマップづくりなど，具体的な活動計画や使えるツールを作成することも多くなっている。実際に災害が発生した場合には，情報の収集を行い，住民に迅速，正確に伝えたり，初期消火活動，救助・救出活動，避難誘導，地域内の要支援者への対応，避難所の運営（市職員と連携）などを行う。
財源	活動経費は自治会費の予算から支出することが多い。また，消化用具や避難用具（消化器，砂袋，ヘルメット，資材庫など）の購入の補助を行う自治体が少なくない。防災組織が主催する勉強会に講師派遣などを支援する自治体もある。

　身近な地域組織は，これら以外にもたくさんある。商店会は，小売業・サービス業に属する事業者が集まった組織である。商店街を活性化させる以外に，商店街の意向に合わない事業者を排他的に扱う自衛機能もある。商店街振興組

合法による商店街振興組合（事業者30以上などの要件）になると，行政機関等からの補助金が受けやすくなる。イベント以外にも，商店主の専門知識などをお披露目する「まちゼミ」，特典を付した共通券をもとに飲食店をはしごして楽しむ「まちバル」など新たな試みがされつつある。地域伝統芸能を保存する，○○保存会という団体がある（以下，保存会）。たとえば神楽保存会，太鼓保存会などである。地方の集落では集落ごとに，都市部においても自治会や連合自治会ごとにそうした団体を持つ場合がある。保存会は伝統芸能そのものの保存だけでなく，地域のつながりや交流，そして子どもの学びの場，人材育成の場としても重要な役割を持つ。就職や学業で地元を離れた人たちは，盆や正月に帰らなくても，祭りのときには地元に戻り，祭りに参加する，準備を手伝う，地域の人々と交流するという。

3／コミュニティマネジメントのかなめ「中間支援組織」

「まえがき」において，コミュニティマネジメントとは，「地域の関係性を変化させていく，自律的に発展していけるような関係性を育てていく営み」と述べた。では，誰が行うのだろう。そこに集う人たちが自主的に行うことが理想である。しかし，そこに集う当事者だけでは難しいこともあるだろう。当事者が活動の継続や団体の運営に関するノウハウを十分に持たない場合や，自ら連携したり協働したりする相手を見つけることができない場合もある。第1章の場づくりや，第2章のプロセスづくり，そして第3章の組織づくりが進むには，誰かがそれをサポートできるといい。こうした個々の活動や団体を支援したり，協働や共創のコーディネートをしたりするのが中間支援組織である。市民自らがつくるものもあれば，行政が主導しつくるものもある。2000年頃から全国で誕生している。

3-1／中間支援組織とは

中間支援組織の定義を確認しておく。中間支援組織について網羅的に把握する調査はないが，類似の機能を持つ「NPO支援センター」に関して日本NPOセンターが2015年度に調査したもの[7]がある。これによると，行政と民間が設

図表4－5　中間支援組織の成長段階に応じた機能

＜創成期＞	＜成長期＞	＜成熟期＞
・人と人，人と団体，団体間の交流の促進やネットワーク化 ・地域や団体の情報収集・発信の支援 ・ボランティアのコーディネイト	・団体運営に関する相談対応 ・研修・講座の開催 ・イベントの開催 ・自主事業の確立 ・企業，市民，行政の協働事業の実施，共創の機会の創出やコーディネート	・専門性の獲得とそれによる他団体や他の地域に対する専門的なアドバイス ・調査研究 ・政策提案 ・連携や協働の支援 ・ロビーイング ・施設の運営 ・資金提供

出所：筆者作成。

置するものを合わせて330を超えるNPO支援センターが全国にある。また，中間支援組織は，ボランティア元年と呼ばれた阪神淡路大震災（1995年）やNPO法（1998年）が施行された1990年代以降，市民と行政の協働や市民活動の連携のコーディネートを支援する役割が期待されてきた。こうしたなか，中間支援組織が，現代社会の中でどのような役割を担ってきているのか，整理してみよう。欧米の事例を紹介した田中[8]は，その役割を「資源提供者と非営利組織の間で資源提供時に生じる阻害要因となっている両者への負荷（探査・交渉・モニタリング）を軽減する取り組み」と捉えた。また，2002年，日本で初めて中間支援組織について総合的に調査した内閣府の調査では，中間支援（組織）を，「多元的社会における共生と協働という目標に向かって，地域社会とNPOの変化やニーズを把握し，人材，資金，情報などの資源提供者とNPOの仲立ちをしたり，また，広義には各種サービスの需要と供給をコーディネートする（組織）」と定義している。田中や内閣府の報告から見た中間支援組織とは，「多様な主体による共生・協働型社会に向けて，地域社会や活動団体・組織の変化やニーズを把握しつつ，そのニーズ解決のために資源提供者と活動団体・組織の仲立ちをし，その間に生じる阻害要因を軽減する役割を担う組織」と整理できよう。

　現実の中間支援組織の実態をもとに，中間支援組織の成長プロセスに応じてその機能を整理すると**図表4－5**のようになる。

3-2／中間支援組織の誕生の歴史

　日本の中間支援組織はどのように誕生したのだろうか。多様な中間支援組織が誕生している横浜市を例に見てみよう。横浜市に限らず急速に市街化した郊外エリアを持つ都市においては同様な状況があったと考えられる。

　横浜市は，1960～70年代に爆発的な人口増を迎え市街地が形成された。その頃，自治会や新たなボランティア活動が，環境保全・美化活動や，青空保育，移動図書館などの暮らしに直結する身近な分野で発展した。70～80年代に入ると，神奈川県消費者の会連絡会，よこはまの川を考える会，カラバオの会（外国人の労働・人権問題の総合支援）など各分野の専門性を持つ中間支援組織や，かながわまちづくり情報センター（通称：アリスセンター）といった分野を超えた総合的な中間支援組織が誕生している。また，急速に市街化した横浜の特徴とも考えられるが，この頃，戸塚区郊外のドリームハイツ地区には，当時人口1万人ほどのエリアに，ボランティア団体などがさまざまな生活課題について話し合うネットワーク「地域のつどい」が生まれている。これらの中間支援組織は，タイプ別にそれぞれ，「分野型」「総合型」「地域型」と捉えるとわかりやすい。いずれも市民自らが，暮らしや社会の課題に向き合い，また理想の地域を目指して集い，図表4－5に示したような中間支援的な機能を生み出してきたのである。

3-3／中間支援組織の役割の広がり

1）行政がつくる中間支援組織「支援センター」

　1970～80年代の横浜の中間支援組織の創世記の後，1998年のNPO法施行などを経て，全国に中間支援組織が多様なかたちで生まれる。その1つが，行政設置型の市民活動支援センターである（以下，支援センター）（第1章参照）。日本において，いわゆる中間支援組織というとこれが多い。行政が施設として設置して，運営をNPOなどに委託するものである。横浜市では，市域を対象とした横浜市市民活動支援センター（2020年より，横浜市市民協働推進センター）のほか，全18区に区版の支援センターが設置され，それらは2013年4月1日施行の市民協働条例のなかに中間支援組織として位置付けられている。

２）協働・共創をコーディネートする中間支援組織

　複雑で個別化・専門化する地域ニーズに応えていくには，これまでのようなタテ割りではなく，多様な人・団体が出会い，強みを発揮し合いながら，課題解決や政策づくりを進めていく必要がある。また企業のノウハウ，CSR（企業の社会的責任）やCSV（本業を通した社会的価値の創造）を取り入れていくことも重要だ。このとき中間支援組織は市民，企業，行政の新しい結びつきを促す役割を担い，それぞれが出会う機会を用意したり，協働の支援者として役割を果たす。こうした協働や共創のコーディネートが中間支援組織の重要な役割となっている。

３）多様なコミュニティの力をつなぐ「地域型」の中間支援組織

　ありたい暮らしの実現のためには，そこに住む住民が，固定化されたつながりや組織のなかだけでなく，新たな人や団体と出会い，必要に応じて連携・協働して活動に取り組んでいく必要がある。そうした営みを実現する組織として，**3-2**項で紹介した横浜市戸塚区の「地域のつどい」があることを示した。この地域型の中間支援組織は，地域の中のあらゆる団体やキーパーソンが集い，地域や各団体の現状を把握し，連携・協力して取り組んでいく必要性を確認し，目的を実現するために強みを生かし合う。特に担い手の減少や新たな活動・サービス開発が必要な地域では，こうした連携・協力し合う連帯組織が必要となるだろう。次節の１）で紹介する「地域運営組織」は地域型中間支援組織のことであり，その数の増加はまさにそうした対応が地域社会で必要であることを示している。地域型中間支援組織は以下の役割や技術が求められる。

図表４−６　地域型中間支援組織の役割と技術

- 地域のニーズを把握したり調査したりする技術
- 新たな人や組織の出会いや連携を促す共創コーディネート技術
- 新旧住民や多様なコミュニティが集い対話や合意形成を進めるためのファシリテーション技術
- コミュニティビジネス化や，その担い手となる組織づくり，法人化に関する知識
- 当該地域には無い事例や経験に関する情報を収集し伝える技術
- リーダー層同士の学び合いのプログラムづくり

出所：2018年度「地域運営組織の形成及び持続的な運営に関する調査研究事業報告書」を参考に筆者作成。

3-4／新しい中間支援組織のかたち

ここでは，コミュニティマネジメントを進める上で，地域の活動に対してどのような支援が必要になりつつあるのか，それを実現するための中間支援組織の“組織のかたち”に注目して整理する。共通する点は，異なる団体が連帯する，市町村内外の人や資源をつなぐなど，単独の団体や専門家集団がつくるのではなく，複数の主体が結びつき新たな機能を発揮している点である。

1）小学校区における全員集合のまちづくり組織「地域運営組織」：雲南市ほか742の市町村で合計5,236組織

地域運営組織は，概ね小学校区の範囲で，多くの団体が集合し，地域内のことを「自ら考え，決定し，実行」する組織である。実行については，組織内の各部門が直接行うものから，組織に参加する各団体・個人が行うものまである。地域的まとまりの中で，地域の実情を把握する。そして多様なニーズに対応し，必要な活動を生み出したり，既存の団体を支援する姿は，地域の総合的な中間支援組織といえる（**図表４－７**）。人口減少や高齢化が進み，既存の地域組織の活動が停滞したり，地域ぐるみで活動を展開していく必要がある地域で設立されることが多い。組織名称は，全国で多様であるが，総称して「地域運営組

図表４－７ 合流して地域運営組織へ

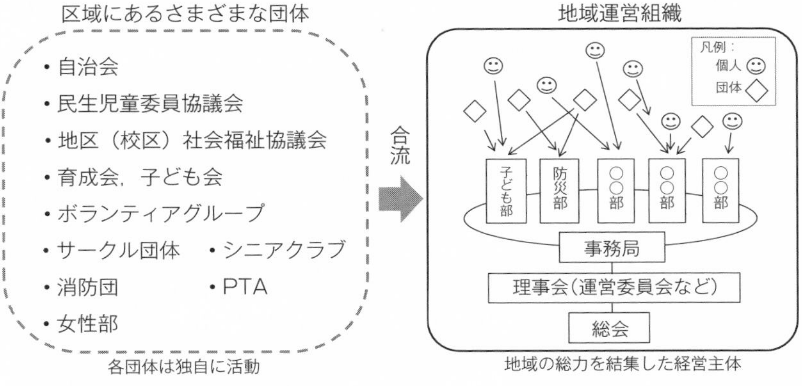
区域にあるさまざまな団体
・自治会
・民生児童委員協議会
・地区（校区）社会福祉協議会
・育成会，子ども会
・ボランティアグループ
・サークル団体
・シニアクラブ
・消防団
・PTA
・女性部
各団体は独自に活動
合流
地域運営組織
凡例：
個人
団体
子ども部
防災部
○○部
○○部
○○部
事務局
理事会（運営委員会など）
総会
地域の総力を結集した経営主体

織」と呼ぶことが多い。市町村の中には，こうした組織を条例で位置付け，予算や権限を委譲する例も出てきている。

　たとえば岡山県旧阿波村では津山市に合併されたが，その後，地域の多様な住民や組織が合流し，地域運営組織「あば村運営協議会」が設立され，ビジョンづくりや計画づくりが行われた。各計画を実行する組織は，協議会とは別に合同会社などを作り，お試し住宅やガソリンスタンドの運営など，これまでに実現できなかったことに取り組んでいる。

図表4－8　事務所に掲げられた2つの看板

2）町の内外の力をつなぎ，新しい活動や仕事を生み出す：神山つなぐ公社

　2015年12月，徳島県神山町は地方創生の流れのなかから，若手の町職員と住民ら約30名からなるワーキンググループを通して創生戦略「まちを将来世代につなぐプロジェクト」を策定した。神山つなぐ公社（以下，公社）は，このプロジェクトを，スピード感と柔軟性を持って実現してゆくために行政と市民が共同で設立した実行部隊（一般社団法人）である。創生戦略では，まちの目指す姿を次の3つとした。①多様な人材がいる。②よい関係とそれを支える場がある。③新しい活動や仕事がほどよく常に生まれている。そしてこれに応じたプロジェクトが生まれた。つなぐ公社は，主に，子育て中の家族が集まって暮らせる住宅地づくり「大埜地（おのじ）集合住宅」，神山で住むことを考える「鮎喰川すまい塾」，高校生の仕事観や神山について学ぶ「高校生プロジェクト」，民家改修によるテナント開発を通じた起業支援など，住まい・人・仕事づくりに関するプロジェクトを地域内外の人や組織と連携して取り組んでいる（図表4－9）。

　公社が，これまでの中間支援組織と異なるのは創生戦略の実現をミッションとすることにある。そしてその組織づくり，事業づくりにも特徴を持つ。組織のスタッフの大半は広報や経営支援など多様な専門性を持つ移住者である。そ

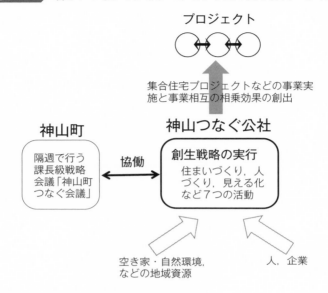

図表4-9　新しいつながりからプロジェクト生み出す神山つなぐ公社

して，名前の通り，公社は町の内外のあらゆる力をつなぐことを重視する。各事業はこれまでの方法やメンバーで行うのではない。以前から住み続ける住民，移住者，移住希望者，起業した人，そして高校生などの異なる人たちが出会うことでもたらされる，新たなビジョンやアイデアを大切にしている。"これまでの枠組みを取り払う状況"をつくり出している。これが意味することは，思いもよらない新しいことが起こるかもしれない事業を興していく必要があること，そしてそれを持続的に支える組織の重要性である。町のビジョンを共有した仲間がセクターの垣根を越えて新たな機能を持つ中間支援組織をつくり出した好例である。

3）まちづくりの事務局を複数の組織で一緒につくる： 港南台タウンカフェ

　港南台タウンカフェは，いわゆるコミュニティカフェの先達者である。何十もの小箱ショップ（個人の手づくり商品を小箱と呼ぶ棚のスペースで受託販売する）を基盤としたビジネスモデルで収益の基盤をつくりつつ，出展者同士の

ネットワークキング，講座の開催，さらには，カフェを訪れる利用者のつぶや
きをまちづくり事業に発展させるカフェスタッフのコーディネート機能を持つ。
活動開始から15年を経て多彩な事業を展開し，まちづくりの拠点となっている。
ここでは，多彩なつながりと事業を生み出してきた運営スタイルに焦点を当て
たい。開設当時のその運営スタイルとは，「株式会社イータウン」，地元の「横
浜港南台商店会」，そして任意の市民団体である「まちづくりフォーラム港
南」の3つの組織による共同運営であった。中心はデザインやまちづくり事業
を手がける株式会社イータウンである。イータウンは，カフェの運営以前から，
地域情報の受発信を行う地域ポータルサイトを運営していた。また，商店会の
ホームページの運営やイベントの共同開催などを通して，地域からの信頼を得
た。その後，商店会の2代目商店主やこの地で新たに起業したメンバーとの
ネットワークも築いている。まちづくりフォーラム港南は，地域のボランティ
ア活動を行うキーパーソンが集まるネットワーク組織だ。こうした強みの異な
る3者が協働して運営していたのが港南台タウンカフェである。中間支援とし
ての役割をあらかじめ期待されていたわけではなく，カフェの運営やプロジェ
クトの実施において，3者の柔軟な協働関係の経験を経て結果として備わった
のである。中間支援組織は協働や共創をコーディネートする機能が期待される
が，異なる団体による共同運営は，そうした機能を発揮しやすくしているので
はないだろうか。それぞれの持つネットワークから集まる人や情報は，1つの
団体では固定化されがちなビジョンや運営スタイルを常に柔軟なものにしてい
る。これにより多様な出会いや組み合わせが起こりやすい状況を生み出してい
る。

4／まちづくり組織のマネジメント

　本章では，まちづくり組織は，暮らしていくのに不自由が少ない状態や居場
所や出番が多彩にある状態を生み出し，持続的に支える役割を果たすことを示
した。1人では持続性や資源収集の面などで非効率であることから，目的や関
心を共にする仲間が集い，集団をつくる。また，帰属・承認や尊敬といった人
間が持つ本来的なニーズに応えるのも組織の特徴だろう。では，組織に参加す

る人たちが帰属・承認，尊敬を得つつ楽しさを分かち合いながら活動を継続するには何が重要だろうか。まちづくり組織のマネジメントの要点を確認しよう。

4-1／継続する組織

　組織は継続することが目的ではない。目的がありそれを実現するための器であるはずだ。ではその器が手入れされ，愛される器であり続けるためには何が必要だろうか。人・もの・金・情報といった資源（**図表4−10，図表4−11**中のresources）をいかに集めるのかについて紹介する本は多い。ここでは，活動の根源的な力となる個々人の欲求（**図表4−10，図表4−12**中のwants）に着目してみたい。"関心をもとに集まる1人ひとりが，集団として持続的な活動をしていく組織であるために"どのような環境を整える必要があるのか，確認してみよう。なお，needsは，活動する本人の持つ欲求ではなく，活動対象とする地域や人が持つ欲求を表している。大切な点は時間軸上で捉えることである。まちづくりは，今の取り組みが積み重なり5年先，10年先のまちとなる。

図表4−10 活動要件

Wants

Needs　　Resources

図表4−11 集める資源

Resources

〈見える資源〉　人　　物　　金　　情報

〈見えない資源〉　信用　　ネットワーク　　ノウハウ

図表4−12 私の関心を仲間のビジョンへ

Wants
関心の共有

居心地のよさ　➡　　　　➡　活動の見える化

共通体験　経験学習

現在の課題と向き合うだけでなく，少し先のまちの状況を予測して，課題や
ニーズがどのように変化するのかを考えるとよいだろう（第3章2-3図表3－
29のバックキャスティングを参照）。活動の継続性という観点では，wants,
needsが重なり，その目的に向けてresourcesを調えること（図表4－10）が必
要である。ここでは1人ひとりのwantsを仲間とともに叶えられる組織である
ための要点を図表4－12を使って確認しておこう。

1）居心地の良さ

　そこにいて居心地が良いということが活動に参加する第1の要件だろう。そ
れは，自分が対話や場に参加する時に，そこは"バリアが取り除かれている状
態である"ことである。バリアは，障碍者だけではなくすべての人の社会参加
を困難にすると言い換えることができる。そのバリアは4つある。物理的なバ
リア，情報のバリア，制度的なバリア，意識のバリア，これらすべての障壁が
除去されていることが必要である。活動する空間は気持ち良く，活動場所へア
クセスしやすいほうがよいだろう。参加者同士で持っている情報はなるべく差
がない方がよいだろう。属性や立場，たとえば性別や職業，居住地などによっ
て参加の条件に不公平な状況が生まれないようにする。風貌からの決めつけや
最近の子育て中のお母さんはこうだからといった思い込みがないようにする。

2）関心の共有

　組織や活動には，ビジョンや理念の共有，あるいはミッションの共有が大事
だと紹介されることが多い。それはそうだろう。ただそこに力を入れすぎて大
切な仲間を失うこともある。そこに集う1人ひとりの関心の違いを知ることも
大切だろう。ビジョンの共有はその後でも遅くない。このお互いを知り合い認
め合う手順は，遠回りかもしれないが，ビジョンを共有する仲間を増やすこと
にもつながっていく。たとえば，コーラスを楽しみたいと思い集まる人の中に
も，歌を仲間と唄いたい，上手に唄いたい，健康維持のために唄いたい，内容
よりも出かける場がほしい，というように組織に集う1人ひとりが大切にして
いることは異なる。

3） 経験学習

　やがて居心地がよいだけでは物足りなくなる。学習し，自らの成長を感じられる時，その組織へ参加していてよかったと思うのではないだろうか。

　参加するメンバー1人ひとりが学習し，成長することで自己実現を図ることができれば理想的であろう。では成人が成長するとはどういうことだろうか。D.A.コルブの経験学習理論が参考になる[9]。この理論は，「人は経験，省察，概念化，実践という4つのプロセスを繰り返すことによって，より深く学習し，成長する」という考え方である。経験したことを，仲間とともに振り返り，新しく気づいたことや学んだことを確認する。概念化は気づきや学びを自分なりに体系化することである。そして体系化したものをもとにまた実践する。

4） 共通体験

　ビジョンやミッションが語られ，共有できたとしても，これまでの経験や現在のライフスタイル，家族の状態など，参加しているメンバー1人ひとりの価値観や参加する背景は違う。この違いを乗り越え，強みに変えるのが，仲間とともに行う共通体験だ。たとえば，子ども会・育成会であれば，まち歩きをして危険箇所マップづくりをする。研修旅行をして理想の活動に触れ，行き帰りに学んだことを共有する。新しい事業を企画・実施する際にも1人でなく複数のメンバーで試行錯誤しながら取り組む。共通体験をすることで見えてくる「大切にしたいこと」は，参加メンバーの連帯感を育んでくれる。

5） 活動の見える化

　活動の見える化の目的は，第1に，活動の内容をわかりやすく伝えることで，参加する仲間を増やしたり，連携する他の団体や支援してくれる企業などを見つけることである。参加したい人や連携したい他の団体がいても，活動の内容を知ることができなければ，きっかけは生まれない。人についていえば隠しごとをしている人よりも，そうでない人のほうが信頼できるだろう。次に，伝える作業を通して参加するメンバー皆で活動の成果や課題を振り返ることができることだ。

4-2／組織を変えるためには

　組織は時を経るにつれ，参加メンバーの関心が変化したり，活動の目的が社会のニーズとマッチしなくなることがある。**図表4－13**は，時間の経過と共益・公益の変化の観点から，組織に求められる能力と役割を示したものである[10]。特に，仲良しグループから組織化していく際に混乱が起こりやすいのが，事業の質の向上である。これは専門性を高めるということでもある。また事務局体制づくりは，これまでにない事務作業を誰かが担わなくてはならず，一部の人に負担感が偏らないような工夫が必要である。事務を担う人には対価を支払うなどの検討が必要である。組織づくりは事務局づくりといっても過言ではない。

　また楽しさや思いだけでは組織運営は難しい。まちづくりに関わる組織も民間企業と同様に，人件費をはじめとした活動経費が必要である。資金源は主に次の5つである。①志のある人・団体からの寄付や会費，②行政や企業などか

図表4－13　組織に求められる能力と役割

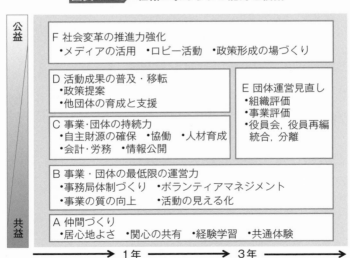

出所：IIHOE（人と組織と地球のための国際研究所）川北秀人
　　　AとBについては筆者加筆作成。

らの助成金・補助金，③自主事業収入，④融資，⑤出資，である。①〜③は
NPOなどの非営利組織にとっては馴染みのものである。特に①の寄付につい
ては，最近ではウェブ上で簡単に寄付ができ，リターンも楽しめるクラウド
ファンディング，また寄付付き商品などが数多く誕生している。2012年の寄付
白書（日本ファンドレイジング協会発行）によれば，東日本大震災では日本人
の実に８割近い人たちが寄付をしており，一部には寄付元年と呼ばれるなど，
日本人は決して寄付をしない人たちではないことが示されている。寄付は，ま
ちづくり活動を支える資金源として，関わりを持ちたい人と現場の新たなつな
がりを生む貴重な手段となっている。

　また，④融資は，返済を前提にお金を貸すことであり，出資は，事業の成功
によりリターンを期待した投資である。融資については私募債という方法があ
る。証券会社を通して不特定多数の人に対して行う公募債と異なり，少人数の
人に直接の受け取りを前提として発行される借入のことであり，事業にキャッ
シュフローが見込めるときは便利な方法である。償還の利息分を，事業で得た
成果として，たとえば，ゲストハウスの宿泊券，カフェのコーヒーチケット，
イベント参加チケットとして償還するなど，融資を通してお金だけでない関わ
り方をつくる方法がある。出資については，地方のまちづくりでこんな例があ
る。出資者＝経営者という特徴を持つ合同会社において，過疎化したまちで，
住民主体で会社を設立した際に，現在そこに住む住民からの出資だけでなく，
親世代を残してまちを出ていった子世代からも出資を募り，「出資（経営）と
いう形で，直接地元のまちづくり活動に参加したい」という思いを受け止める
財源確保の方法である。これらの融資や出資は，地域の中でまちづくりに参加
する新しいつながりを生み出している。また地域の中だけでなく，地域の外の
人たちとの関係を生み，そして続ける仕組みともいえる。

5／組織マネジメントのケーススタディ

　コミュニティマネジメントが重視する，つながりをつくり直すことで無理の
ない新たなアクションを生み出す組織マネジメントの事例を紹介しよう。

5-1／自治会はどこまでできるのか「横浜市下和泉住宅自治会」

　最初は，自治会の事例である。高度経済成長期の短期間に開発された都市郊外部では，否応なく住民自治が展開した。開発から数十年を経て，高齢化が進展するなか，果敢なチャレンジをしている。自分たちが住み続ける町を自分たちで経営するとはこういうことだと実感できる事例だ。

1）バスがない。自分たちでバスを走らせよう
　～企業と創った「Eバス」～

　2002年，貸切バスによる自主運営「Eバス」が運行開始（天台観光（株）への運行委託）した。1999年地域組織（下和泉地区交通対策委員会）を設立した。公共交通機関と3年以上にわたる協議は実らなかったが，民間バス会社と協働による自主運営「Eバス」が実現した。コミュニティマネジメントの視点から捉えれば，"交通不便を解消したいと思う人々が，一つの自治会の単位を超えて集まり，別組織をつくり出した"ことだろう。

2）自家用車を使って高齢者や障碍者の外出を支える
　～NPO法人あやめ会～

　自治会の会員に行ったアンケート調査により，災害時要援護者支援や日常の病院への送迎のニーズが高いことがわかった。移動の支援が必要となる人は限

図表4－14　地域と企業の協働により
　　　　　　実現したEバス

図表4－15　会館利用団体の団体紹介冊子

定的であると考え，有志を募り外出支援のボランティアグループ「あやめ会」を立ち上げた。また，その後，連合自治会エリアを活動対象とする地区社会福祉協議会においても外出支援ボランティアグループ「福祉の会」が立ち上がり，連携しながら地域の移動を支えている。自治会という組織を基盤としつつも，それとは異なる新しい組織を生み出したり，広いエリアで活動する専門組織とも柔軟な連携を図るといったこれからのコミュニティマネジメントの要点が含まれている。

3) 私募債で自治会館を建て替え，そして常駐スタッフの配置

　自治会館を建て替えたいがお金がない。住民から1口1万円，金利0.5%で私募債を募集した。なんと192世帯（自治会の会員世帯は900余り）から3,400万円以上が集まった。自治会や自治会長への信頼，銀行の金利の低さなどから，「それなら自治会にお金を預けよう」という気持ちが多くの人に働いた。また現在，会館は「まちづくり塾」と命名され，常駐スタッフが配置され，子育てサロンや趣味サークル団体で毎日賑わっている。会館の運営については，会館運営委員会を設置して，自治会からの委託により日常の会館事務と会員債の管理をしている。会館使用料を収入とし，事務員の人件費などに充てている。

4) 病気持ちは当たり前。病気になっても安心して暮らせるまちへ
###　　～ひばり会～

　認知症予防活動がきっかけとなり，病気の人が安心して暮らせるまちづくりを目指すもので，月1回の講座などが行われている。これまでに地域に誕生した数々のボランティアグループの有志が集い，2011年に誕生した。運営委員11名により講座，健康体操などの活動を企画・実施している。

　下和泉住宅自治会が，コミュニティマネジメントの視点から評価できるのは，既存の組織（自治会）にこだわらないことだろう。アンケート調査や資金集めについては，自治会の信用力や広報力を活用するが，実際に活動する組織，企画・実施は，メンバーを公募したり，新しいつながりで得た仲間を中心に運営委員会方式などで実施している。自治会は，下支えの役割を果たしている。自

治会のみが課題解決やまちの活性化をどこまでできるのかを問うのはもはやナンセンスだ。人と人，団体と団体の新しいつながり，人やお金の新しい流れを創り出すことこそが重要であることを下和泉住宅自治会は教えてくれる。

5-2／勝手に!? 商店会をつくる～栃木県鹿沼市「ネコヤド商店会」～

　「自分のお店を持ちたい」「自分の住むまちをもっと楽しくしたい」「お店を持ちたい人を応援したい」。こうした思いを持つ人が集い，自分たちで独自の商店会をつくり，月に一度の商店街をまちに実現してきた事例を紹介する。その名は「ネコヤド大市（＊その後名称が変わりネコヤド商店街となる）」である。東京の浅草から東武線で2時間ほどの鹿沼市にある。昨今聞くようになったエリアリノベーションの原型の1つといわれ，他のまちでもすぐにできそうな取り組みである。

図表4-16　空き家や空き地を活用して行われるネコヤド商店街のマップ

　ネコヤド大市は，鹿沼市の寂れた中心市街地の路地「根古屋路地」で2006年に小さくスタートした。この中心にいたのが1999年に実家の隣の空き家にセルフビルドでカフェ「饗茶庵」を開業した風間教司さんである。"起業家は路地裏から生まれる"といわれるがそれを体現する人である。ここでは，既存の商店会ではない，緩やかなネットワークとしてのショウテンカイが生まれた背景を把握するとともに，風間さんを中心としたネットワークがその後どのように変化しているのかを見てみよう。

1）勝手に商店会〜"自分のお店を持ちたい"から生まれた月イチ商店街〜

　空き家をセルフビルドで改修し，カフェの経営を軌道に乗せた風間氏のもとを「自分の店を持ちたい」と望む鹿沼市内外の若者たちが訪れるようになる。そうした若者たちの中で，開業を志望する人が出店を体験できる月1回のイベントがネコヤド大市である。ここを経験した人がこの地を気に入り，近くの空き店舗に出店するようになった。風間さんが中心となり実施していたネコヤド大市は，2012年から，周辺で自分のお店を持った10人により結成された「ネコヤド商店会」が主宰者となり名称を「ネコヤド商店街」に変えて活動を継続することとなった。ネコヤド商店会は，既存の商店会に入る・入らないということではなく，この地で自らが楽しみ，仲間を増やす，さらには出店したい人を応援する自発的なネットワークである。

2）勝手にまちづくり団体〜"そこにしかない魅力を共有したい"から生まれたDANNA VISION（ダンナ ビジョン）〜

　ダンナ（旦那の）ビジョン（洞察力，想像力）と，ダンナ（旦那が）ナビ（ナビゲートする）の意味から名付けられた。ネコヤド大市を始めた風間さんと老舗呉服店主が発起人である。鹿沼における若手事業継承者と新規起業者によるまちづくりのネットワークグループである。城下町，宿場町，職人町として成り立ってきた歴史ある街「鹿沼」のまちづくりに欠かせない存在であった商人や「旦那衆」の歴史，文化を再考し，現代版旦那衆の人づくりと地域資源を活かしたストーリーあるまちづくりを中心に活動をしている。街中イベントの企画，経営セミナーや空き店舗活用，新規観光産業をもとに，地域ファンド

の設立やまちづくり会社の運営なども視野に活動を行っている。

　この事例は，これからのまちづくり組織のあり方を示している。これまでの自治会などの地域組織が持つ4つの要素と比較するとわかりやすい。自治会などの地域組織は，①対象となる範域が明確である，②会則や制度・ルールが存在する，③地域を代表する性格を持つ，④会費制である…紹介した鹿沼の事例は，これらが当てはまらない。代わりに持つ特徴は，①核となる人は地元の人であるが，地域内外の人たちによるメンバー構成となっている。②既存の商店会や自治会のような会員による総意としての活動ではなく，目的に応じて集ったメンバーにより合意・運営する意思決定が重視されている。③人の出会い，お金の新しい流れ，空き店舗の活用など，地域に新たな循環をつくり出している。本書が伝えるコミュニティマネジメントを実践する1つの姿だろう。

●注

1　経営学において「組織」は，「意識的に調整された，2人またはそれ以上の人々の活動や諸力のシステム」(Barnard,C.I., *The functions of the executive*, Cambridge, MA: Harvard University Press, 1938) や，「1人の人間の力では実現できないような困難な目標を達成しようとするときに生じる複数の人間の協同」(田島壮幸責任編集『経営学用語辞典』税務経理協会，1997年) であることが示されている。なお，Barnard,C.Iは組織の3要素として，①組織目的（市場や地域ニーズに有効である），②貢献意欲（構成員が貢献した以上にリターンがあると考えている状態にある），③意思疎通（リーダーと構成員，構成員同士のコミュニケーションができている）の3つが必要としている。本章では，こうした定義に賛同しつつ，コミュニティマネジメントの観点から，人々のつながり，自分自身とのつながり，地域資源とのつながり，また，これらのつながりを支えたり，調整したりする組織の役割を重視している。

2　Fischer, Claude S. (1982), *To Dwell among Friends: Personal Networks to in Town and City*, Chicago, IL.: University of Chicago Press.

3　都市度と友人関係について，全国規模で調査したものに次のようなものがある。
- 浅川達人 (2000)「都市度と友人ネットワーク」森岡清志編『都市社会のパーソナルネットワーク』，東京大学出版会。
- 石黒格 (2010)「都市度による親族・友人関係の変化　全国ネットワーク調査を用いたインティメント・ネットワークの分析」『人文社会論叢社会科学編23号』弘前大学。

4　NPO法人公共政策研究所の全国の自治基本条例一覧による。
　http://koukyou-seisaku.com/policy3.html（2020年8月15日最終閲覧）

5　和歌森太郎 (1979)「ゆい」日本歴史大辞典編集委員会編『日本歴史大辞典　第9巻』

河出書房新社。

6　Crenson, M.（1983）*Neigbborhood Politics*, Harvard University Press.

7　日本NPOセンターは，全国の中間支援組織を支援する役割を持つ。2007年度，2012年度に続き2015年度にNPO支援センター実態調査を行っている。

8　田中弥生は，市民社会組織論，評価論を専門とする独立行政法人大学改革・学位授与機構の研究者である。中間支援組織は，資源提供者と非営利組織の双方の信頼を醸成する役割も重要であることを述べている。

9　"成人は実際の経験を通し，それを省察することでより深く学べる"という考え方を，「経験学習」と呼ぶ。組織行動学者のデービッド・コルブはこうした学びを，体系化・汎用化された知識を受動的に習い覚える知識付与型の学習やトレーニングと区別し，4段階の学習サイクルから成る「経験学習モデル」理論として提唱している。

10　IIHOE［人と組織と地球のための国際研究所］川北秀人「支援力＋協働力パワーアップ！研修」岡山 2012年5月19-21日資料（p.15）をもとに筆者が加筆作成。

あとがきにかえて

坂倉　今回は，場，プロセス，組織という視点で，コミュニティマネジメントの理論と実践について解説してきました。一緒に執筆していただいたお二方にあらためてうかがいたいのですが，コミュニティマネジメントとはつまりどういうことでしょうか。

石井　持続可能なコミュニティの生態系という大きなビジョンの中で，コミュニティマネジメントはそれを支える手立てということができると思います。そのためには，まず機能不全に陥ってしまった地域社会の日常的な慣習や規範を変えていかないといけない。旧来の地域にどんな変化の芽を見出し，支えていくことができるのかが問われています。

醍醐　生態系の持続可能性においては多様性が大事なキーワードです。現代社会もさまざまな意味において多様化してきています。コミュニティマネジメントはこれからの社会において求められる「多様性を支える術」になっていくと思います。

坂倉　変化の芽を見つけて育て，それぞれの多様な持ち味を発揮できるような環境をつくる。多様性を支える術というのは，デザイナーが公園を設計するというより，さまざまな種類の植物が活き活きと成長するための庭をつくるといったイメージですね。工場生産によるものづくりや単一の課題解決のデザインとは違って，それぞれの生きる力を活かして動的な状況を生み出していくようなアプローチ。そのためには，これまでにない感性やスキルが求められていると思います。

醍醐　コミュニティマネジメントにおいて，原稿を書いていてあらためて感じたのは「学び」の大切さです。地域の人たちにとって学び合いが大切であり，

マネジメントに携わる人も多くのことを学び続ける必要があります。そして，その学びを通して，他者や地域との関わりの質を高めていくことで，未来のビジョンや活動の一歩が生まれてきます。さらに，それらの学びが自分の人生自体を豊かにしていきます。大学教員という仕事をするようになって，コミュニティマネジメントの経験が生かされている面もあります。単に専門分野としての経験を提供するという意味だけではなく，授業プログラムのデザインやアクティブ・ラーニングの実践，研究室のチームビルディングなどで大変役に立っています。教育分野に限らず，これからさまざまな分野の仕事で生かせるのがコミュニティマネジメントだと思います。

坂倉 生きたコミュニティをマネジメントするには，変化し続ける状況に対する気づきが不可欠ですね。学び続ける姿勢がとても大事になります。そして，コミュニティマネジメントとは，新しい価値創造のメカニズムを理解するための視点であり職能でもある。

石井 動的な状況を生み出していくアプローチというのは自らの欲求に支えられるのはないでしょうか。組織の章のところでこんな例を紹介しました。自治会長を終えた人が有志とともにまちづくり組織を作って，自治会長時代にできなかったことを地域の範囲を広げながら次から次へと実現した事例，また地域の有志が集い，我が町コンサルタントとして活躍する事例，さらにはシャッター商店街で若者たちが勝手に商店会を結成して起業家や移住者を増やす事例，これらに共通するのは，「このまちで実現したい」という欲求を，既存の組織やつながりの中，つまり慣習や規範の中で考えるのではなく，そこから抜け出た自分を作ることで実現しているということでした。地域の中に生まれるこうした芽を摘んでしまわず，観察する力が必要です。ここがなかなか難しいのですが。

坂倉 なるほど，本書のもう1つ重要な問題意識は，これまでの価値観の延長ではない未来の地域をどう実現するかということですね。これまでどおりの考え方で，これまでどおりのやり方を続けるだけでは，これまでになかった地域

課題を解決することはできない。新しい課題をどう設定し直し，それを乗り越える「本当に実現したい未来の地域」を構想できるか。チェンジメーカーを応援し，新たなイノベーションを生み出すこともコミュニティマネジメントの重要な視点です。

　最後に，本書の読者，すなわち学生や地域の現場で奮闘されている方々へひとことずつお願いいたします。

醍醐　コミュニティマネジメントの実際の現場では経験やセンスに基づく対応が多くなるのも事実なので，本書の中で論理的に説明できていないこともあります。現場ではいかに「シメタ！」とか「マズイ！」と感じとれるセンサーを持ち，瞬時に対応できるかも大切になります。失敗を恐れず試行錯誤できる粘り強さも必要となります。本書を携えながら，現場での実践からも多くのことを学んでほしいと思います。今回は「まちづくりに少し興味が湧いてきた大学生」をイメージしながら原稿を書きました。地域の場，プロセス，組織と関わることは，とにかく楽しいということを若い人たちに感じてほしいです。自分が当初想定もしていなかった面白い展開につながることもコミュニティマネジメントでは大きな価値なのです。その瞬間に立ち会うことを楽しめる仲間が増えてほしいと思っています。

石井　これまでの価値観の延長にあることが多い現実の中で，地域づくりを学ぶにはどうしたらよいのか。まずは異なりから学ぶ姿勢を大事にしたいです。異なるから学べるわけです。私たちは異なりは不安で，それを取り除こうとする暮らしの中にいました。意見が違う人と出会ったらチャンスと捉え，あなたと相手の人が組み合わさるから辿り着く新しい答えがあること，対話と創発の技術を高めておくことが大切でしょう。ではそれをどのように高めるのか。それは小さな社会実験を現実の中でやってみることです。空き店舗を活かした一日商店街，いやもっと小さく，近所のお父さんたちとまちの危険な塀の点検をするなど。こうした，社会とのつながりを持ちつつ，自らのやりたいことを仲間と，そして新しい協力者を得て取り組むこと，これにより，自らの気がかりとその先のビジョンを語る力，新しい関係性の中から生まれる力を実感し，喜

172

びを分かち合う経験を積むことが，柔軟でアイデアあふれる能力を育むことになるのではないかと思います。

坂倉　これまでになかった新しいつながりを生み出すというのは，ある意味で偶然を呼び込むアクションなわけです。偶然というと聞こえは良いですが，別の見方をするとエラーです。予期せぬことが起こる，ということ。マネジメントというと，間違いが起こらないように管理するというイメージを持たれがちですが，コミュニティマネジメントとは，必要な偶然が起きるためにこれまでの常識の枠のちょっと外に出てみること，つまり来るべき未来に向けて偶発性をうまくマネジメントするということです。そして，意想外のことが起きてもしなやかに対応し，どうにかこうにかやり遂げる。マネジメントというのはそういう意味でもある。なので，それなりの経験やセンスは必要ですが，醍醐さんの言うとおり絶対に楽しいと思います。あらかじめゴールが決まっているのではなく，何が起こるかわからないオープンエンドな取り組みですから。そしてそのようなマインドがもたらす一番の財産は，地域も人も，まだはっきりとは見えていないけれども，大きな可能性を秘めていると信じられる，ということです。地域は厳しい現状を語られることが多いですが，自分たちの力を発揮すれば欲しい未来を生み出せるという勇気が湧いてくる。コミュニティマネジメントというアプローチは，そうした心の奥から湧く力を集めて生かす術でもあります。ぜひ皆さんも本書を参考に，小さくともエレガントな一歩を踏み出してみて欲しいと思います。

　最後になりましたが，本書は著者それぞれの地域での経験がベースになっています。執筆にあたっては，現場で出会った方々の笑顔や言葉をたくさん思い浮かべるとともに，みなさまの地域を楽しもうとする姿や想いが，本書を書き進める力となりました。みなさま，本当にありがとうございました。
　また，本書は中央経済社の市川雅弘様なしでは生まれませんでした。「新しいまちづくりに関する本を出版しないか」と連絡をいただいてから3年。コミュニティマネジメントという新しい学問領域についての教育的，社会的なニーズをご理解いただき，なかなか執筆が進まない私たちにずっと寄り添って

くださったこと，この場を借りて深く感謝の意を表します。

　2020年，新型コロナウイルスが私たちのこれまでの身近な空間やつながりの
あり方を大きく変えようとしています。それは，つながりや交流空間の否定で
はなく，むしろ，私たちの社会に新しいかたちのコミュニケーションや出会い
が訪れることを意味しています。

　これまでの考え方や方法に固執しないオープンエンドなマインドでこれから
の近隣空間やつながりを多彩で豊かなものにしていくために，本書が活かされ
ることを願っています。

　2020年10月

坂倉杏介，醍醐孝典，石井大一朗

人名索引

事項索引

さ 行

た 行

●著者紹介

坂倉　杏介（さかくら　きょうすけ）

東京都市大学　都市生活学部　准教授

執筆担当：第1章，第2章

略　歴

1972年　東京都世田谷区出身。

1996年　慶應義塾大学 文学部哲学科美学美術史学専攻 卒業。

2003年　慶應義塾大学 大学院政策・メディア研究科 修了。

2004年　慶應義塾大学 デジタルメディア・コンテンツ統合研究機構 助手。

2007年　同　研究機構 専任講師。

2010年　慶應義塾大学 グローバルセキュリティ研究所 特任講師。

2015年　東京都市大学 都市生活学部 准教授。

2016年　慶應義塾大学 大学院後期博士課程 単位取得退学。

　　　　博士（政策・メディア）。

専　門　コミュニティマネジメント，ワークショップデザイン。

主要著書・論文

『わたしたちのウェルビーイングをつくりあうために―その思想，実践，技術』BNN新社，2020年。

『黒板とワイン―もう一つの学び場「三田の家」』慶應義塾大学出版会，2010年　ほか。

「地域への主体的参加を促進する集合住宅のコミュニティ形成過程の研究」地域活性研究 Vol.12，2020年。

「『共同行為における自己実現の段階モデル』による『地域の居場所』の来場者の行動分析―東京都港区『芝の家』を事例に」地域活性研究 Vol.12，2013年　などがある。

醍醐　孝典（だいご　たかのり）

株式会社studio-L ディレクター
執筆担当：第3章
略　歴
1976年　大阪府箕面市出身。
2000年　大阪府立大学 農学部地球環境科学科 卒業。
2003年　大阪府立大学 大学院 農学生命科学研究科（地域生態工学）修了。
2004年〜2006年　（財）京都市景観・まちづくりセンター まちづくりコーディネーター
2006年　コミュニティデザイン 事務所 studio-Lに参画。
2007年〜2013年　京都造形芸術大学 非常勤講師。
2015年〜2020年　東北芸術工科大学 デザイン工学部 コミュニティデザイン学科 准教授。

専　門　コミュニティデザイン，住民参加のまちづくり。

主要著書・論文
『まちづくりコーディネーター』学芸出版社，2009年。
『震災のためにデザインは何が可能か』 NTT出版　2009年。
『コミュニティデザインの仕事』ブックエンド，2012年　などがある。

石井　大一朗（いしい　だいいちろう）

宇都宮大学 地域デザイン科学部 准教授。
一級建築士，専門社会調査士。
執筆担当：第4章
略　歴
1972年　愛知県名古屋市出身。
1995年　名城大学 現工学部建築学科 卒業
1995年　不動産会社，設計事務所勤務
2003年　認定NPO法人市民セクターよこはま理事・事務局
　　　　横浜市市民活動支援センター副責任者
2008年　慶應義塾大学 大学院政策・メディア研究科 単位取得退学。
2009年　慶應義塾大学 大学院博士（政策・メディア）。
2016年　宇都宮大学 地域デザイン科学部 准教授。

専　門　コミュニティ政策，市民参加論

主要著書・論文
『はじめての地域づくり実践講座』北樹出版，2018年
『こんなにおもしろい 建築士の仕事』中央経済社，2016年。
「縮退期コミュニティにおける異なる住民層の合流活動に関する研究」
コミュニティ政策17，東信堂，2019年　などがある。

コミュニティ マネジメント つながりを生み出す場, プロセス, 組織

2020年11月10日　第1版第1刷発行
2023年3月30日　第1版第4刷発行

著　者　　坂　倉　杏　介
　　　　　醍　醐　孝　典
　　　　　石　井　大一朗
発行者　　山　本　　　継
発行所　　㈱中　央　経　済　社
発売元　　㈱中央経済グループ
　　　　　パブリッシング

〒101-0051　東京都千代田区神田神保町1-31-2
電話　03（3293）3371（編集代表）
　　　03（3293）3381（営業代表）
https://www.chuokeizai.co.jp

印刷／㈱堀内印刷所
製本／㈲井上製本所

© 2020
Printed in Japan